늘 간직하던 감사의 마음을 전합니다

# 중소병원 생존전략

박개성·엘리오앤컴퍼니

# 박 개 성 (朴 介 成)

- 서울대학교 경영대학 경영학과 학사, 동대학원 석사
- 현) 엘리오앤컴퍼니 대표이사
- 현) 가립회계법인 대표이사, 공인회계사
- 전) 청와대 직속 기획예산위원회 행정개혁단 팀장
- 전) 기획재정부(舊 기획예산처) 재정개혁단 팀장
- 전) 아더앤더슨 코리아 컨설턴트
- 전) 보건복지부 정책자문위원
- 전) 국무총리실 첨단의료복합단지위원회 위원
- 현) 한국공기업학회 부회장
- 현) 국가보훈부 정책자문위원
- 현) 기획재정부 국가회계제도심의위원회 민간위원

## ■ 대 표 서 적

**의료부문 (13권)**
- **병원경영 실전전략**, **경영의 명의**, 엘리오 병원전략
- 병원경영의 윙맨 리더십, 병원인재의 조건
- 병원장은 있어도 경영자는 없다
- 대한민국 건강랭킹, 병원은 많아도 의료산업은 없다
- 공동개원 절대로 하지마라, 의료정책과 병원경영 등

**공공부문 (5권)**
- **공공기업 변화의 조건**
- **정부개혁 고해성사**
- 비전달성의 BSC 이렇게 실행하라
- 공공혁신의 敵-정부그룹 경영혁신
- 공공혁신의 窓-정부그룹 전략 보고서

## ■ 주 요 활 동

**병원컨설팅**
- 국내 최다 의료관련 컨설팅 경험(200회 이상)
- Big 4 등 상급종합병원 75%이상, 국립대병원 80%이상 컨설팅 수행
- 국립암센터, 서울의료원 등 대부분의 공공의료기관 컨설팅 수행
- 대학병원, 중소병원 등 전국 17개 의료기관과 3~10년의 장기 협력경영 수행

**의료정책**
- 국무총리실 의료산업선진화위원회 의료제도개선분과 전문위원
- 보건산업최고경영자회의 기획위원장
- 국립중앙의료원 설립추진위원회 위원, 한국외과학회연구재단 이사
- 존스홉킨스 보건대학원 자문교수(Faculty preceptor)

**기 업**
- S, H, L 등 대기업의 의료신사업 또는 의료복합단지 개발 전략 프로젝트
- 삼성물산, 삼성건설, 삼성엔지니어링 등 비전전략 프로젝트
- SKT, KT의 신사업 또는 프로세스 혁신 프로젝트
- 한국전력공사의 신사업 또는 전략 프로젝트

**국 회**
- 국회 예산정책처 재정분석실 자문위원
- 국회 미래연구원 자문위원
- 국회 공적자금운영실태를 위한 청문회, 예비조사 위원

**국가재정**
- 재정경제부 국가 재정관리 프로세스 혁신 프로젝트
- 재정경제부 디지털예산회계를 위한 BPR/ISP 총괄
- 재정경제부 정책자문위원, 국가재정정보화 추진위원회 위원 등

**정부조직**
- 중앙정부 경영진단과 정부조직업 개정 총괄
- 행정자치부 혁신추진단 위원, 보건복지부 조직개편 자문위원
- 건설교통부 철도구조개혁 실무추진단 위원 등

**지역정부**
- 부산시 발전전략과 시정진단 프로젝트
- 서울시 시정평가, 조직개편, 인사쇄신, 성과인정 등 자문위원
- 경기도 산하기관 정비 프로젝트 등

**산하기관 (공기업)**
- 한국전력산업구조 개편안과 한전분할안 수립
- 청와대 공기업선진화위원회 민간자문단 위원
- 기획재정부 정부투자기관 경영평가단 총괄반위원 등
- 한국국제보건의료재단, 한국고용정보원 비상임감사

# 목 차

**들어가는 글, 경영은 고(苦)가 아니다** ........................... 10
- 실패한 혁신도 큰 자산이다
- 생존을 넘어 비전을 성취하는 계기가 되길
- 다르기 때문에 더 많이 배울 수 있다?
- 파트너를 잘 만나는 것은 인생의 축복

**1. 봉직의의 배신과 병원장의 복수?** ........................... 22
- 좋은 의사만 있으면 다 된다는 말의 함정
- 연례행사가 된 집단 사표와 봉직의들의 공동개원
- 중소병원에서는 봉직의가 갑(甲)
- 반복되는 배신(?)과 진정한 복수

**2. 중소병원의 미래는 없는가?** ........................... 34
- 아 옛날이여
- 이미 중소병원의 도태가 진행 중
- 의료전달체계는 중소병원을 살릴 수 있는가?
- 의료계의 역동성이 떨어지는 이유
- 그래도 담대한 꿈을 꿔야 한다

3. 의료계의 다윗이 되어라 ································ 54
   - 최적화된 전략과 실행력을 확보하자
   - 우리병원은 다윗인가 골리앗인가?
   - 중소병원의 핵심역량은 '경영자의 전문성'이다.
   - 다윗처럼 판단하고, 행동하라
   - 유도전략(Judo strategy)을 활용하자
   - 경영자는 숫자에 밝아야 신속한 결정이 가능하다

4. 위기에 처했던 병원에서 배운다 ······················ 80
   - 하인리히 법칙과 병원경영
   - 환경이 바뀌면 창조적으로 적응해야
   - 과거의 성공에서 벗어나 전략적 변신에 성공해야
   - 의료와 관련된 다각화를 해야
   - 준법경영은 선택이 아닌 필수
   - 경영진의 화합은 합의서에서부터

5. 잘 나가는 중소병원의 특징 ···························· 102
   - 인구감소, 경쟁 심화는 모두에게 닥친 현실
   - 극복하지 못할 역경은 없다
   - 잘 나가는 중소병원의 특징
   - 다병원체제로 규모의 약점을 극복해야
   - 환자가 선택할 이유를 증명해야

6. 혁신의 시작은 나로부터 ································· 122
   - 병원의 중증도(重症度)를 판단하는 제1의 기준
   - 변덕형 경영자
   - 햄릿형 경영자
   - 돈키호테형 경영자
   - 전략형 경영자
   - 병원은 병원장의 거울, 병원장이 먼저 바뀌어야
   - 경영도 실력이 있어야 재미있다

## 7. 리더십을 확장하라 ……………………………………… 148
- 병원장에 따라 병원의 미래가 좌우
- 전문경영인을 활용하라
- 병원장직을 내려놓을 용기가 있어야
- 내가 아니어도 더 잘 될 수 있다
- 리더십의 확장(Leadership Extension)이 최고의 경영시스템

## 8. 미래를 보이게 하라 ……………………………………… 166
- 비전이 없는 자리에 돈이 침투해온다
- 보상만큼이나 중요한 발전가능성과 자부심
- 경영자가 확신할 때만 길이 열린다
- 비전수립은 인식을 바꾸는 최고의 방책
- 비전추진단을 구성하고 미래를 함께 설계해야
- 비주얼 경영으로 추진력을 확보하자

## 9. 중소병원이 선택받는 비법 ……………………………… 188
- 대학하고 어떻게 경쟁합니까?
- 천하장사급 진료분야를 길러야 한다
- 한두 명의 진료과는 가급적 줄여라
- 전문화분야는 규모의 경제를 확보하라
- 전문화된 영역부터 센터화하라
- 전문화 영역의 핵심 프로세스부터 혁신하라
- 나의 어머니를 모셔올 수 있게 하자

## 10. 의사를 신나게 하는 법 ………………………………… 208
- 역지사지가 경영의 기본
- 이해가 되지 않으면 받아들이자
- 평소에 인력의 풀을 넓히자
- 미래의 성장가능성을 보여주자
- 진료기여에 대한 성과급을 도입하자
- 고용불안을 해소할 장치를 마련하자
- 매력적인 근무공간을 제공하자
- 봉직의에게 경영에 참여할 기회를 주자
- 행복한 봉직의의 길

## 11. 경영의 악순환을 벗어나자 ... 228
- 경영의 악순환과 선순환을 가르는 트리거(Trigger)
- 생존부등식을 명심하자
- 환자가 오는 길을 닦아야
- 중증도를 강화하고 진료패턴을 적정화하라
- 제공하는 서비스의 가치(Value)를 높이자
- 전략적 구매를 통해 비용을 줄이자

## 12. 보이지 않는 것에 투자하라 ... 252
- 자금이 많다면 누가 경영을 못하나?
- 해답은 '보이지 않는 곳'에 있다
- 순환보직과 보직경로를 운영하자
- 교육과 토론을 통해 경영지원 역량을 높이자
- 일하는 방식을 혁신하자

## 에필로그. 중소병원의 미래를 찾아서 ... 270
- 중소병원이 상생할 수 있는 협력모델을 만들자
- 내 힘으로 된 일은 거의 없었다

들어가는 글 - 개정판을 내면서

# 경영은 고(苦)가 아니다

**실패한 혁신도
큰 자산이다**

대학병원이 규모를 지속적으로 확장하고 그것도 모자라 분원을 내고 있다. 게다가 지난 정부에서는 가뜩이나 '기울어진 운동장'에 선 중소병원에 불리한 정책을 시행하는 바람에 중소병원은 더욱 어려워지게 되었다. 병원을 팔 수 없냐는 중소병원장들이 늘어나고 있었다. 그러던 차에 중소병원 생존전략이라는 주제로 병원신문에 8회에 걸쳐 연재할 기회가 주어졌다.

병원신문에 글을 연재하는 동안 이런저런 이유로 작은 혁신의 시도조차 망설이는 많은 병원 경영자를 만났다. 3년이 지난 지금 그 병원들은 어떻게 달라졌을까? 상대가 있는 스포츠 경기에선 공격에 자신이 없으면, 상대의 실수를 기다리며 수비만 해도 이기는 경우가 있다. 하지만 경영에서는 기다리면 답이 없다.

병원의 양극화는 지속적으로 심화되었고, 경영을 어렵게 하는 환경의 파도는 더욱 거세게 밀려올 것이다. 원하는 것만 보지 말자. 뻔히 예상할 수 있는 미래를 회피하지 말고 똑바로 쳐다봐야 한다. 복잡한 예측도 필요 없다. 대학병원의 병상수는 늘고 재원일수는 줄어 대학병원의 환자 수용역량은 꾸준히 늘어난다. 의사나 간호사의 대형병원 쏠림현상은 가속화되어 중소병원은 의사나 간호사를 구하기 더욱 어려워진다. 게다가 재정이 악화된 정부는 병원을 압박하는 정책을 펼칠 것이다.

그런데도 별다른 조치 없이 기다린다면 '요양병원으로 전환'을 고려하는 상황이 올 수밖에 없다. 이를 피하고 싶다면 새로운 시도를 해야 한다. 발상을 바꾸고, 사람을 바꾸고, 일하는 방식을 바꾸는 등 할 수 있는 것들을 바로 지금부터 해야 한다. 우물쭈물해서도 좌고우면해서도 안 된다. 부작용이 두려워 아무것도 하지 않는 것보다 무엇이라도 시도해야 남는 게 있다. 실패를 두려워할 필요도 없다. '실패한 혁신도 큰 자산'이기 때문이다. 실패에 대한 두려움에 발목이 잡혀서 과감한 도전을 하지 않는다면 그것이야말로 가장 큰 실패다.

지금부터 우리병원이 가장 시급한 일, 반드시 해야 할 일이 무엇인지 자문하고 궁리해보자. 쉬워 보이는 길에 현혹되거나 실행가능성을 지레짐작해선 안 된다. 어려워 보이는 길이 실제는 지름길이고 쉬운 길이 미궁으로 빠지는 함정일 수 있다. 당장, 오늘부터 정면 돌파에 나서보자. 그동안 숨겨져 있던 길이 어느 순간 눈앞에 활짝 열릴 수도 있다.

### 생존을 넘어
### 비전을 성취하는 계기가 되길

중소병원이 처한 상황의 절박감과 혁신의 시급성을 전하고자 책의 제목을 '생존전략'으로 붙이긴 했다. 하지만 병원경영의 목적이 그저 '생존'에 그칠 순 없다. 비전 성취를 통한 생존이어야 한다. 중소병원에 밀려오는 환경의 파고는 경영자의 결단을 요구하고 있다. 책임감이 어깨를 누르고, 가슴이 답답한 경영자들이 한둘이 아닐 것이다.

병원은 많은 구성원과 환자들이 365일, 24시간 관계를 맺으며 돌아가는 곳이라 사건사고의 위험이 상존한다. 게다가 중소병원은 시스템이 잘 갖춰지지 않아 경영자가 몸소 해결해야 할 일이 두 손을 꼽아도 모자란다. 대학병원의 경영자는 임기만 마치면 경영이라는 짐을 내려놓지만, 중소병원의 경영자는 그렇게 하지도 못한다. 이 때문에 중소병원 경영을 평생의 짐으로 여기는 경우도 있다.

하지만 달리 생각해 보자. 중소병원의 경영자는 장기간 경영에 대한 부담이 크지만, 권한도 대학병원 경영자보다 비교할 수 없을 정도로 크다. 그의 철학과 경영방침에 따라 환자들에게 최선의 진료와 감동을 줄 수 있다. 책임감은 막중하지만 누릴 수 있는 성취와 보람도 그에 비례해서 커진다. 그의 처신이 구성원의 인생을 바꿀 때도 있고, 그의 배려 깊은 언행은 많은 직원들에게 감동을 선사할 수 있다. 중소병원 경영자는 맘먹기에 따라 다수의 사람에게 행복을 줄 수 있다.

환자의 기쁜 얼굴은 의사의 행복이다. 그렇듯이, 고객과 직원들의 얼굴에서 기쁨이 피어난다면 그것은 경영자의 행복이 될 것이다. 병원의 미래를 멋지게 그리고, 이것이 실현되는 모습을 상상해보자. 병원의 비전을 세우는 것이다. 지역에서 최고의 의료서비스를 제공하는 병원이 되면 어떨까. 우리나라에서 가장 존경받는 중소병원이 되는 길을 찾아보자. <u>대학병원에 다니던 환자가 입소문을 듣고 발길을 돌려 우리병원을 찾는 상상을 해도 좋다. 이런 비전을 세우고 이를 현실에서 구현하는 행동에 지금부터 나서보자. 이런 생각에 가슴이 설렌다면 경영의 즐거움은 이미 시작되었다.</u>

## 다르기 때문에
## 더 많이 배울 수 있다?

어느 대형 의류회사에서 <중소병원 생존전략>을 500권이나 주문했다. 사장님이 이 책을 먼저 읽고 기획실과 임원 워크숍을 했다고 한다. 참석한 임원들이 모든 매장의 매니저에게 보내주자고 의견을 모았다고 한다. 의류업계의 현실이 중소병원과 닮아서 많은 도움이 되었다는 것이다.

저자가 다른 분야의 조직 사례를 병원에 빗대어 말하면 병원 경영자들은 '병원은 사정이 달라서 적용할 수 없다, 현실적이지 않다'며 부정적인 반응을 보인다. 그런데 의류회사 임직원들의 반응은 달랐던 것이다. 그들이 옳다. 경영 관점에서 보면 의류회사가 병원 사례에서 배울 점이 분명히 있다. 한편으로 이런 궁금증도 들었다. '그 의류회사는 자신들에게 낯선 병원의 이야기를 읽어내는 데 어려움이 없었을까.' 또 '그 회사엔 경영을 전공한 임원들도 많을텐데 그들의 눈으로 봤을 때 이 책에 빈틈이 많지 않았을까' 하는 걱정도 들었다. 처음부터 끝까지 여러 번을 읽어 보니 과연 부족한 점들이 눈에 들어오기 시작했다.

이 책의 3쇄를 찍어야 하는 시점에서 잠시 멈추기로 했다. 그러던 중에 병원신문에 <병원경영 실전전략>이라는 주제로 11번에 걸쳐 연재를 하게 되었다. 연재 후 지면의 부족이나 한계로 인해 아쉬웠던 점을 보완하고 체계를 잡아 테마별로 사례를 통해 대학병원과 중소병원 공히 쉽게 이해하고 실천할 수 있도록 <병원경영 실전전략>이라는 책을 펴내었다.

<병원경영 실전전략>을 쓴 후 <중소병원 생존전략>의 개정

판을 내기로 했다. 중소병원의 상황에 더 특화하여 중소병원 관계자들이 더 깊이 공감하고 더 쉽게 실천할 수 있도록 책의 내용을 추가하고 완성도를 전반적으로 높였다. 특히 전국의 다양한 중소병원들과 협력경영을 수행하면서 겪은 생생한 경험 등을 토대로 중소병원에 적합한 과제와 실행사례를 보강했다. 또한 초판을 발간한 후 중소병원의 경영진을 대상으로 실시한 설문을 분석한 결과도 새로 실었다. 또 각 장의 마지막에는 내용을 점검하고 독자들이 운영하는 병원의 상황을 돌아볼 수 있도록 체크리스트를 추가하였다.

이 책을 읽으면서 중소병원의 전반적인 경영상태를 돌아보고 점검할 수 있기를 희망한다. 독자들이 펜을 들고 공감이 가는 내용에는 밑줄도 치고, 자신의 생각을 적어보면 좋겠다. 그리고 체크리스트는 그냥 넘기지 말고 체크란에 반드시 표기해보자.

대학총장이나 국립대병원장 등을 선임할 때 10명 내외의 이사나 수백 명이 넘는 교수의 표를 많이 받아야 하는 과정들이 있다. 이때 선거에 임하는 후보마다 자신의 표를 계산하는 방식에 차이가 있다. 경험이 많을수록 자신을 찍을 수밖에 없는 명확한 이유가 있는 경우에만 O표, 즉 자신의 표이고 나머지는 다 X표로 인식한다. 그렇지 않은 후보들은 자신에게 우호적이라고 생각하는 사람은 모두 자신의 표이고, 명백히 적대적인 사람만 X표로 인식한다. 누가 선거운동을 효과적으로 할지는 자명하다.

독자 중에는 체크리스트에서 익숙한 용어나 질문이면 자신들도 어느 정도 하고 있거나, 심지어 잘하는 것으로 착각하는 경우도 있을 것이다. 그런 독자라면 체크리스트를 눈으로 읽고 넘어가거나 대부분의 항목에 Yes를 체크할 것이다. 어떤 분야의 조직이든 경영자가 해야 할 일은 거의 대동소이해 보인다. 하지만 무엇을 하는지 여부가 아니라 그것을 제대로 하는지가 중요하다. 학생들이 같은 과목을 공부하고 시험을 쳐도 성적은 큰 차이가 나는 것처럼 경영자들이 같은 과제를 해도 성과는 크게 차이가 나기 때문이다.

경영자가 현실을 '있는 그대로' 볼 수 있느냐에 따라 대처방안의 적절성이 결정된다. 그래서 혁신의 출발은 마음이 불편해도 현실을 냉정하게 인정하는 것에서부터 시작되어야 한다. 그런 의미에서 Yes는 무엇을 '제대로 하고 있거나 다른 병원보다 월등히 잘하고 있을 때'만 체크해야 하고, 그렇지 않을 때는 No를 선택해야 한다. 그 후 Yes라면 그렇게 판단한 이유는 무엇인지, 또 No라면 어떻게 개선할 것인지를 분기에 한 번씩은 점검해보기를 권한다.

### 파트너를 잘 만나는 것은
### 인생의 축복

인생에서 가장 큰 축복은 파트너를 잘 만나는 것이라는 말이 있다. 배우자, 친구가 인생의 가장 가까운 파트너이지만, 비즈니스 파트너와 더 많은 시간을 보내는 사람들이 대부분이다. 인생의 행복과 불행을 좌우하는 요인 가운데 하나가 비즈니스 파트너라고 해도 과언이 아니라고 생각한다. <u>훌륭한 경영자는 직업의 장(場)에서 실력과 인품을 갖춘 파트너들과 깊은 신뢰관계를 형성한다. 이는 조직의 경쟁력을 높일 뿐 아니라 그의 행복을 증진시키게 된다.</u>

저자에게도 비즈니스 파트너들과의 특별한 만남, 특별한 인연이 있다. 단발성 프로젝트로 만난 중소병원도 많지만, 최근 10여 년 동안 짧게는 3년에서 9년간 협력경영을 하는 병원들이 적지 않다. 작은 규모에서 대형병원까지, 개인병원에서 대학병원 분원에 이르기까지 전국에 걸쳐 다양한 상황과 입지에 있는 병원들이다. 협력경영을 하면서 일관되게 보여준 신뢰와 정서적인 교감에 대해 진심으로 감사드린다. 병원의 구성원과 함께 병원을 획기적으로 발전시킨 경험은 컨설턴트로서 받을 수 있는 최고의 선물이었다. 그 과정에서 함께 참여했던 사람들과 공유했던 성취감과 뿌듯한 심정은 어디서도 느낄 수 없을 것 같다.

책을 매개로 맺은 인연도 있다. 예기치 않은 때와 장소에 불쑥 나타나 이런저런 사연과 격려의 말씀들을 전해주신 분들이다. 어떤 분은 20년 전에 발간된 '공동개원 절대로 하지마라'를 교재로 그룹스터디를 했는데, 1권만 사서 불법복제한 것을 자수한다고 해서 함께 웃기도 했다. 그 책을 읽을 때 봉직의였던 분들이 이제는 중소병원장이 되어 있었다. 또 어떤 분들은 10년이 훌쩍 지난 '병원장은 있어도 경영자는 없다' 같은 저자의 책을 읽고 큰 도움이 되었다며 과한 감사의 말씀을 전하기도 한다. 그 정성과 격려가 저자로 하여금 책을 12권이나 쓰게 하는 에너지가 되었다. 그분들도 저자의 소중한 파트너들이다.

그러므로 이 책의 진정한 주인공은 저자와 함께 프로젝트를 하거나 협력경영을 했던 분들, 시간을 내어 저자를 찾아와 사연을 전해주거나 저자를 성원해주신 모든 분들이라고 할 수 있다. 동고동락했던 중소병원의 경영진과 구성원들 그리고 엘리오 임직원의 예리한 지적과 제안이 없었다면 이 책은 나올 수 없었다. 한마디로 이 책은 그들과 함께 경험하고 고민해서 만든 공동작품이다. 하지만 지적받아야 할 점이 있다면 그것은 온전히 저자의 몫이다.

저자에겐 의료계에서 숨 쉬고 행동하는 매일이 배움의 날들이다. 엘리오 임직원은 물론 그동안 함께 한 많은 분들의 제안과 격려 그리고 충고에 진심으로 감사드린다.

---

* 이 책에 등장하는 병원과 인물은 특정 병원이나 특정인이 아니라 여러 병원의 사례를 복합하고 수정한 것이다. 실명으로 나오는 병원의 주요 내용이나 성과도 언론매체를 비롯한 공개된 자료만을 활용하였다.

우리가 어느 날 마주친 불행은
우리가 소홀히 보낸 지난 시간에 대한 보복이다.

「 나폴레옹 」

# 1
# 봉직의의 배신과 병원장의 복수?

## 좋은 의사만 있으면
## 다 된다는 말의 함정

"중소병원은 다른 거 다 필요 없습니다. 시설이 낙후되어도, 병원 분위기가 안 좋아도 우수한 의사만 있으면 병원은 잘 됩니다. 네트워크가 좋으시니까 좋은 의사 좀 뽑아주세요." 중소병원 경영자들에게서 이런 말씀을 흔히 듣는다. 재작년에도 작년에도 이런 말을 한 중소병원 경영자는 내년에도 같은 말을 되풀이하지 않을까?

근본적인 대책이 없으면 같은 어려움이 반복되기 마련이다. 우수 의사를 뽑으면 진료수익이 커진다는 말은 정답을 맞히면 점수가 잘 나온다는 말과 같다. 그런데 <u>시설이 낙후되어도 우수 의사가 있으면 환자는 올지 몰라도 우수 의사는 시설이 낙후된 병원에 오지 않는다</u>. 좋은 조건으로 영입하려는 훌륭한 시설을 갖춘 병원이 많기 때문이다. 의사를 체계적으로 관리하는 노하우가 없다면 병원에 근무하는 우수한 의사도 그곳을 빠져나갈 가능성이 높다.

상황이 다급하면 일시적으로 거액의 연봉과 복지로 명의를 영입하는 결단도 필요하다. 하지만 근본적인 접근이 먼저여야 한다. 어떻게 하면 우수 의사가 우리병원을 선택하도록 만들 것인가, 어떻게 우리병원 의사를 우수 의사로 만들 것인가에 대한 답을 찾아야 한다. 이것이 '경영자의 실력'이다.

## 연례행사가 된 집단 사표와
## 봉직의들의 공동개원

대도시에 위치한 A종합병원은 300병상이며 평균 병상가동률은 75% 정도이다. 의사 4명이 있는 정형외과가 약 85병상을 차지했고 진료수익에서 약 30%를 기여했다. 정형외과의 가장 고참 의사는 과거 대학병원의 일부 권위적인 원로 교수처럼 행동했다. 과다한 과비를 요구하기도 하고, 간호사들의 휴가도 병원정책과 달리 자신들이 알아서 시행했다. 자신의 수술 스케줄은 직접 관리하며 병원에 잘 알려주지 않았다. 후배 의사들과 함께 외래환자의 예약도 인위적으로 통제했다.

연봉협상 시즌만 되면 이들은 과도한 연봉인상을 비롯해 다양한 요구를 했다. 자신들의 뜻대로 되지 않으면 모두 나가 겠다며 집단 사직서를 병원장에게 내밀었다. 그럴 때마다 병원장은 힘 한 번 제대로 써보지도 못하고 굴복하는 패자(敗者)가 되어야 했다.

B병원은 전국에서도 열 손가락 안에 드는 전문병원이다. 병원장은 연구성과도 탁월하고 방송출연도 많이 하는 유명인이다. 의사들의 성장을 위해 교육과 컨퍼런스도 열심히 했고, 경영성과가 좋을 때는 의사들에게 적절한 성의표시도 했다.

그런데 어느 날 자신의 후계자로 생각하며 아꼈던 의사가 그만둔다고 했다. 설득했지만 되돌릴 수 없었다. 그 의사가 없으면 꽤 많은 수익이 없어지는데 며칠 지나자 또 한 명이 사표를 가져왔다. 5명의 의사 중에서 2명이 나간 뒤 B병원은 남은 의사들의 연봉을 조정해주고 의사 한 사람을 새로 뽑았다. 그러자 절반으로 떨어진 수익이 조금씩 회복되었다. 얼마쯤 시간이 흐른 뒤 병원을 나간 두 의사가 B병원과 가까운 곳에서 공동개원을 했다는 소식을 들었다. 병원장은 "이때부터 의사들을 어떻게 대해야 할지 자신이 없어졌다."고 했다.

## 중소병원에서는 봉직의가 갑(甲)

대학병원과 중소병원의 의사는 병원에 대한 태도나 행동방식이 매우 다르다. 대학병원의 의사는 대부분 병원에 남아 있고자 한다. 기본적으로 고용의 안정성이 있다. 근속연수가 길어질수록 교실 내 영향력도 커지고 노후를 대비한 연금이 확보된다. 교수가 되려고 대기하는 의사는 많고 이직하는 의사는 적으니 병원 입장에서는 의사를 구하기 쉬운 장점이 있다. 하지만 교수가 환자를 함부로 대하거나, 병원의 정책을 지키지 않거나, 진료수익이 지나치게 미흡해도 그 의사들을 처벌하거나 해고하기가 매우 어려운 문제가 있다.

이에 반해 중소병원은 의사를 구하기가 매우 어렵다. 실제로 '경영하면서 가장 어려운 점'이 무엇이냐는 질문에 중소병원 경영자의 무려 53%가 의료진의 영입과 관리라고 답했다(설문 1).

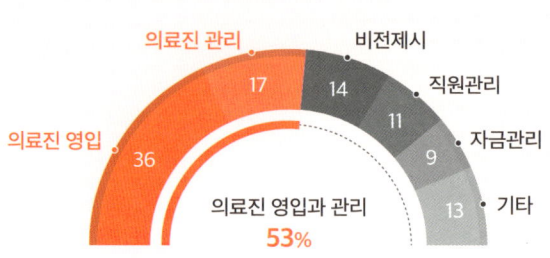

중소병원의 의사들은 환자가 좀 늘 시점이 되면 주변의 병원으로 이직하곤 한다. 진료 잘한다고 해외연수까지 보내주었더니 돌아온 지 얼마 되지 않아 사직서를 낸다. 일 잘하는 간호사들까지 데리고 병원 가까운 곳에 개원한다. 환자정보를 다 빼내고 심지어 병원에 근무하면서도 자신이 어디에서 개원할 예정인지 주변에 알리곤 한다. 이 정도면 곱게 나가는 편이다. 나가기 전 한동안 병원 분위기를 해치는 경우도 있다. 개원 결정을 내린 걸 병원장의 성격이나 열악한 근무조건 탓으로 돌린다. 병원에 남은 의사들도 이런 일방적인 주장을 비판하기는커녕 동조하기도 한다. 그들도 늘 이직기회를 살피고 있기 때문이다.

병원에 꼭 필요한 의사들은 더 잘 떠나간다. 나가는 시기도 이동이 많은 1, 2월이 아니라 의사를 구하기 어려운 7, 8월이 많다. 의사가 나가면 그 의사의 진료수입이 바로 없어진다. 의사 한 명인 진료과는 일시적으로 폐과가 된다. 아무리 서둘러도 대체할 의사를 바로 구하기 어렵다. 설령 구한다고 해도 진료수입이 바로 정상화되는 것도 아니다. 그래서 진료수입이 많은 의사는 중소병원에서 '슈퍼 갑'이다. 상당수의 슈퍼 갑은 과도한 보상과 특별한 대우를 원하며, 시간이 갈수록 병원에 주문하는 것이 많아진다.

문제가 많은 의사를 쉽게 내보낼 수 있는 것도 아니다. 병원이 의사를 함부로 대한다는 분위기가 생길까 걱정되기 때문이다. 의사들의 진료수익이 줄어도 의사들의 연봉을 깎지 못한다. 대체 의사를 구하기도 어렵고, 진료수익이 아예 없어지는 것보다는 낫기 때문이다. 그래서 매년 연봉협상 시즌이 다가오면 병원장들은 괴롭기만 하다. <u>특히 병원 명성이 높지 않을수록, 의사수가 적은 병원일수록 중소병원장들은 의사 앞에서 더 약해질 수밖에 없다.</u>

## 반복되는 배신(?)과
## 진정한 복수

중소병원의 경영자를 보면 안타까운 마음이 들 때가 너무 많다. 늘어나는 규제들, 가속화되는 인력난, 매년 돌아오는 단체협약, 심평원이나 국세청 실사, 의료분쟁 등등. 하루도 바람 잘 날이 없는 나날을 보낸다. 경영만 해도 시간이 부족할 판인데 그 복잡한 와중에도 진료수익을 올리겠다고 수술방에 들어간다. 수술을 마치고 나왔는데 면담하겠다는 의사의 카톡이 기다리고 있다. 가슴이 덜컥 내려앉는다. 의사가 '나가겠다'고 하면 끊었던 담배를 다시 찾게 된다.

중소병원의 의사들은 병원이 자신들을 진심으로 생각해주지 않는다고 불평한다. 하지만 병원장은 그들의 선배 혹은 선임의사들로부터 수없는 배신의 상처를 안고 살아온 사람이다. 아꼈던 의사가 갑자기 나가면 애인에게 버림받은 것 같은 배신감을 느낀다고 한다. 언제까지 이런 일을 계속해야 하느냐는 자괴감마저 몰려온다고 한다. 그래서 경영을 오래 할수록 봉직의를 믿지 않게 된다. 병원과 의사들의 관계는 갈수록 이해타산으로 흐른다. 최소한의 인간적인 정

(情)이나 신의도 없는 씁쓸한 일들이 반복해서 일어난다. 잘 해줘도 의사는 오래있지 않을 것이라는 마음이 굳게 자리 잡고 있다. 그래도 어쨌거나 의사가 오래 근무하도록 붙잡아야 하니 답답하기 그지없는 상황이다.

떠나는 의사들이 야속한 나머지 남아 있는 의사들을 냉정하게 대해도 바뀌는 것은 없다. 그러면 오히려 상황을 악화시킬 수 있다. 이런 상황에서 자신의 인간관계가 부족함을 탓하거나 '떠나는 의사에게 사탕발림이라도 하는 게 나았을까'라며 후회하는 것도 도움이 되지 않는다. 병원장이 부질없는 자책을 하고, 자꾸 뒤를 돌아보게 되면 병원이 어떻게 앞으로 달려 나갈 수 있겠나. '돌아보면 나도 봉직의로 근무하다가 나왔지 않은가, 당시의 병원장도 나에게 배신감을 느꼈을 지도 모른다'라고 생각해보자. 의사들의 마음속엔 성장욕구가 있고, 자신의 병원을 경영해보려는 로망이 있다는 것을 받아들이자. 그러면 마음이 덜 괴로울 것이다.

병원장이 한두 의사에 휘둘리면 그것은 병원장의 마음이 상하는 것에만 그치지 않는다. 병원의 원칙과 질서가 사라지게 되고 경영정책도 먹히지 않는다. 경영상 새로운 시도를 하고 싶어도 성과 좋은 의사들의 눈치를 봐야 하고, 그들이 원칙이나 정책에 어긋나는 행동을 해도 뭐라 할 수도 없다. 소위 영(令)이 서지 않는 것이다.

이런 답답한 상황, <u>악순환의 고리를 끊으려면 유능한 의사든 보통 수준의 의사든 많은 의사들이 근무하고 싶은 병원을 만들어야 한다.</u> 병원장과 병원의 비전이 멋지고, 병원 분위기가 좋고, 보상수준이 높고, 인품 좋은 의사가 많아서 의사들이 선호하는 병원을 만들어야 한다. 일단은 병원이 잘 돼야 하는 것이다. 그래야 병원이 '을'이나 '병'의 지위가 아닌 경영주체로 거듭날 수 있다. 병원이 '갑'의 위치에 서야 원칙 있는 경영을 할 수 있고, 미래지향적인 병원을 만들 수 있다. 이런 병원을 만드는 게 진정한 응징이고 복수다.

나의 관심은 미래에 있다.
그것은 내 삶의 나머지 부분을 미래에서 보내야 하기 때문이다.

「 캐서린 」

# 2
# 중소병원의 미래는 없는가?

## 아 옛날이여

중소병원에도 화려한 시절이 있었다. 그땐 환자수에 비해 병원이 많이 부족했다. 의사를 제외한 직종의 인건비는 낮은 편이었고, 지금처럼 의사나 간호사를 구하기도 어렵지 않았다. 지역사회에서 인정받고 재정 상황을 걱정하지 않아도 됐다. 어둑한 관행이 횡행하던 당시에는 세금 탈루, 리베이트 등도 적지 않은 수익원이 되었다. 재테크에 능한 병원장은 병원에서 마련된 현금으로 부동산에 투자하기도 했다. 경제성장과 더불어 부동산 가격은 급격히 올랐고, 시세 차액은 병원을 확장하거나 분원을 내는 데 사용되었다.

탁월한 경영자가 있었던 중소병원은 대학병원으로 성장하고, 거기에서 더 나아가 여러 대학병원을 거느린 의료원으로 발전하기도 했다. 병원장들은 보람은 물론 재력과 명예를 모두 가질 수 있었고, 일부는 정치인이 되어 권력을 누리기도 했다.

하지만 이제는 아득한 추억이 되고 말았다. 병원이 많아졌다. 전국 어디나 30분 내에 대학병원에도 갈 수 있다. 교통이 발달하기도 했지만, 대학병원의 분원도 많이 생겼기 때문이다. 대학병원이 중소병원의 협력대상이자 경쟁자가 되었다. 카드사용으로 인해 세원이 다 노출되고 리베이트 쌍벌죄 등이 도입되어 '어두운 수입원'이 거의 사라졌다. 그런데 최저임금 인상, 52시간 근무제 등이 도입되면서 인건비는 높아졌다. 게다가 간병비 부담을 줄이겠다고 도입한 간호간병통합서비스는 가뜩이나 부족한 간호 인력을 대형병원으로 더욱 쏠리게 했다. 이는 간호사의 인건비 상승으로 이어졌고, 간호사가 부족하여 병상을 축소하는 중소병원이 급격히 늘고 있다.

정부는 대학병원 중심으로 지원정책을 펴고 있다. 지역 간 의료서비스 격차를 해소한다는 명분으로 암센터, 심혈관센터, 응급의료센터 등을 구축하기 위해 수십억 원에서 수백억 원의 자금을 지역별 대학병원에 지원하고 있다. 의료질 평가지원금도 대형병원에 쏠려있다.

게다가 정부는 '보장성 강화'를 위해 대학병원과 중소병원의 진료비 격차를 줄이고 있다. 호텔과 모텔의 숙박료 차이가 줄어든다면 손님들이 호텔을 더 찾게 되는 것과 같이, 환자들이 대학병원에 더욱 몰리게 되었다.

중소병원들은 대학병원의 진료경험으로 높아진 환자의 눈높이를 맞춰야 할 뿐 아니라 인증제도에서 요구하는 시설요건도 맞추어야 한다. 리모델링도 해야 하고, 수술방과 병실의 공간을 늘리는 등 크고 작은 공사를 해야 한다. 이를 충족하려면 다 '돈'이 든다. 그런데 자금여력은 부족하고 외부자금을 조달하려 해도 각종 규제로 막혀있다.

### 이미 중소병원의
### 도태가 진행 중

급여를 제때 주지 못하는 병원, 봉직의들이 병원 코앞에 공동개원을 하여 수익이 급락한 병원, 직원에게 약점이 잡혀 곤경에 빠진 병원, 이직률이 30%가 넘어 365일 사람 뽑느라 정신없는 병원… 이와 같은 증상이 복합적으로 얽혀 있는 병원, 차마 글로 옮기지 못할 기막힌 사연으로 골머리를 앓는 병원들도 많다. 밖에서 지켜보는 이도 스트레스가 쌓일 정도이니 병원장은 물론 구성원들의 마음은 오죽할까. 대학병원과 중소병원의 격차는 더욱 벌어지고 대부분의 중소병원은 생존조차 장담하기 어렵다. 병원장들을 더욱 괴롭

히는 것은 지금도 경영하기 어려운데 앞으로는 더 어려워질 것이라는 전망이다.

실제로 중소병원 경영자들은 미래의 경영성과에 대한 전망을 묻는 설문에서 평균 58%가 악화될 것으로 예상했고, 14%만이 개선될 것이라고 응답했다(설문 2). 이에 반해 300병상 이상인 병원에서는 29%가 악화될 것이라 예상했고, 개선될 것이란 전망은 21%로, 상대적으로 낙관적이었다. 병원의 규모가 클수록 덜 비관적인 반면, 규모가 작을수록 더욱 비관적인 경향이 있었다.

[ 설문 2 ] 병원의 미래 경영성과는 어떠할 것이라고 생각하십니까? (%)[1)]

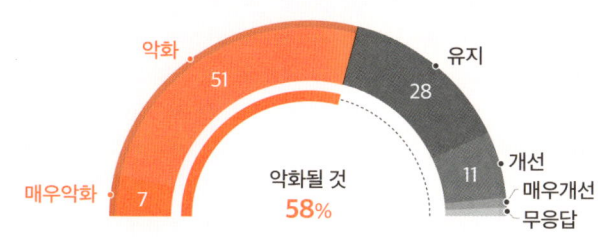

중소병원들은 위기에 직면하여 안간힘을 써보지만 역부족

이다. 오래전부터 경영환경이 악화될 것을 뻔히 알면서도 대응책을 소홀히 했기에 당연한 결과인지도 모른다. 미래에 다가올 위협적인 환경을 예상해보면 지금이 오히려 경영환경이 나은 편일 것이다. 대부분 중소병원들이 이런 상황을 모르지 않는다.

그런데 어떻게 준비해야 할지 막막하기만 하다. 막다른 골목에 다다른 중소병원의 경영자들은 출구전략을 찾으려 머리를 싸매고 있을 것이다. 하지만 의료법인 매각은 법적으로 퇴로가 막혀있고 개인병원은 가격을 낮추어도 매수자를 찾기가 어렵다. 매각할 수 없다면 어떻게든 생존해야 하는데 그 길은 낙타가 바늘구멍으로 들어가는 것처럼 좁아 보이기만 한다. '차라리 병원을 팔아 달라'거나 '무슨 특단의 조치가 없겠느냐'는 요청이나 하소연이 늘어나는 이유다.

우리나라는 인구 천 명당 급성기 병상수가 OECD 대비 약 2배 수준으로 병상공급이 과잉인 상황이다. 재원일수를 감안하면 과잉의 정도가 더 심각해진다. 우리나라 급성기 평균 재원일수(7.8일)는 OECD 평균에 비해 1.2일(18%)이 더 길다. 만약 재원일수를 OECD 국가의 평균만큼 줄이면 동일한 병상이라도 더 많은 환자를 수용할 수 있어 실질적으로는 병상이 늘어나는 효과가 발생한다. 이 효과를 반영하면 우리나라 급성기 병상수는 OECD 국가에 비해 2.4배 정도로 더 올라간다.

실제로 우리나라도 급성기 병상의 재원일수가 줄어드는 추세이다. 앞으로 병상이 실질적으로 늘어나는 상황이 예고된 셈이다. 특히 대기환자가 많은 대학병원의 재원일수 감소는 대학병원의 실질적 병상 확대 효과로 즉각 나타나기 때문에 중소병원의 병상가동률을 떨어지게 할 것이다.

중소병원들의 경영상태가 어려운지 오래되었는데도 병원이 부도났다는 소리는 많이 들리지 않는다고 한다. 그 답은 총병상수 중 요양병원의 병상수가 급격히 증가한 데서 찾을 수 있다. 어려움에 처한 중소병원들이 요양병원으로 전환하여 부도 등 극단적인 상황을 겨우 모면했기 때문이다.

## 의료전달체계는
## 중소병원을 살릴 수 있는가?

"우리나라에 중소병원이 정말 필요가 없습니까? 그럼 정부가 말해왔던 의료전달체계를 강화한다는 것은 거짓말이었습니까?" 강의가 끝난 뒤 중소병원을 운영하는 2세 경영자가 한 말이었다. 정부에서 어중간한 중소병원은 필요 없다고 하는 것 같은데 그러면 병원을 빨리 접는 편이 좋지 않느냐는 하소연이었다.

실제로 보건정책 관계자가 '의료품질도 담보하지 못하는 어중간한 규모의 2차 병원은 없어도 무방하다'는 식의 발언을 공공연히 한 것도 사실이다. 그 후 중소병원의 경영에 불리한 정책들이 이어지니까 중소병원의 경영자들이 자괴감과 좌절감에서 헤어나지 못하는 것이다.

의료전달체계는 1차 의원, 2차 병원과 종합병원, 3차 상급종합병원으로 중증도에 따라서 역할분담을 하자는 것이다. 질환의 중증도에 따라 의료기관 간 역할분담을 하게 되면 의료자원의 효율성도 높아지고 병의원에도 좋고, 상급종합병원도 좋다는 레퍼토리다. 그럴싸하게 들리지만 효과는 별로 없는 정책으로 정부마다 반복적으로 내놓는 메뉴라 식상한 유행가와 같다.

의원이 아닌 중소병원은 모두 2차 의료기관에 속한다고 볼 수 있다. 3차 상급종합병원에서 진료를 받기 위해서는 1차 의료기관이나 2차 의료기관의 진료의뢰서가 있어야 한다. 그런데 경증질환은 중소병원, 중증질환은 상급종합병원이 맡는다는 의료전달체계의 대전제부터 현실적으로 적용하기 쉽지 않다.

진료과별로 들어가서 구체적으로 살펴보면 중증질환과 경증질환을 구분하기 쉽지 않고, 상급종합병원이 아니라는 이유로 치료를 할 수 없는 중증질환의 종류가 명확하지도 않고 굳이 구분하려해도 그리 많지도 않다. 게다가 국립암센터는 암수술건수를 비롯하여 중증도가 매우 높은데도 권역·지역응급의료센터 미지정, 신생아중환자실 미운영 등 일부 무의미한 요건 때문에 상급종합병원으로 지정받지 못하고 있다.

제도적 모순은 또 있다. 상급종합병원이라고 해서 모든 진료과가 2차 의료기관보다 의료의 질이 높은 건 아니다. 그런데도 진료과별이 아니라 병원 단위로 상급종합병원을 지정하고 있다. 등급을 만들더라도 진료과별로 1, 2, 3차가 될 수 있어야 한다. 즉 전문병원이나 종합병원인 2차 병원 중에도 진료과별로 의료수준이 높으면 상급병원(3차)이 될 수 있어야 한다. 앞으로 정책적인 보완이 획기적으로 이루어지지 않는 한 '의료전달체계가 잘 되면 중소병원이 잘 될 수 있다'는 말이 신빙성 있게 들릴 리 없다.

미국의 존스홉킨스병원은 특정 지역 내에 다병원체제를 구축하여 자체적으로 1차, 2차, 3차가 긴밀한 협력관계를 구축하고 있다. 한 그룹에 속한 1~3차 병원들 간 질환의 중증도를 기준으로 원활한 역할 분담이 이뤄져 각 병원의 생산성과 품질을 높이고 있다. 다병원체제 내 의료기관들은 동일한 이해관계를 갖고 상호 협력하기 때문에 환자를 의료전달체계 내에 효과적으로 진료하고 있는 것이다. 우리나라는 2차 병원과 3차 병원이 이해관계가 다르기 때문에 원활한 역할분담보다는 환자를 두고 경쟁을 하는 관계이다. 그래서 <u>의료전달체계가 지금보다 개선된다고 해도 중소병원의 생존에 큰 도움이 되기는 어려울 것이다.</u>

## 의료계의 역동성이 떨어지는 이유

과거의 의사들은 도전적이었다. 의료의 불모지에서 생명을 구하는 영역을 개척하느라 도전 정신이 충만했다. 이들은 의원에서 병원으로, 병원에서 종합병원으로, 종합병원에서 의과대학을 신설하면서 대학병원으로 성장시켰다. 건양대학교병원, 가천대학교병원, 을지대병원, 차의과대학병원이 대표적인 사례이다. 하지만 정부가 1998년 제주대병원을 마지막으로 의과대학의 신설을 불허하여 종합병원이 대학병원으로 성장할 수 있는 길이 없어졌다.

기존의 대학병원들도 꾸준히 혁신을 해왔다. 연세대학교의 총장은 1970년대 초에 위기에 빠진 연세의료원을 혁신하기 위해 소아과의원을 운영했고 병원협회장을 역임한 분을 발탁했다. 그는 김효규 의료원장인데, 취임 직후 세브란스병원 교수들에 대한 평가를 실시하여 일부 교수를 내보내는 등 과감하게 혁신을 추진했다. 10년간의 재임기간 중 연세의료원의 근간을 만들었다. 50년이 흐른 지금은 어떤가. 김효규 원장처럼 개원가의 원장을 대학병원의 의료원장으로 과감하게 영입할 수 있는가? 이분처럼 혁신을 추진할 수 있는 분이 지금의 의료원장이나 병원장 중에 얼마나 될까?

서울아산병원과 삼성서울병원의 등장 이후 오랜 전통을 지닌 대학병원들은 달라진 환경에 흥분하고 좌절하고 도전했었다. 두 대형병원의 의료계 진입이 대학병원들의 경쟁력을 전반적으로 끌어올린 동력이 된 것이다. 그런데 최근의 대학병원들은 보장성강화 같은 정책의 비호 하에 안주하고 있다. 중소병원들은 대학병원이라는 유리천장에 가로막혀 꿈을 잃고 방황하고 있다.

과거에는 개원가에서도 혁신적인 시도를 통해 전체 의료계를 선도하는 전문병원들이 많이 나왔다. 예를 들면, Y병원은 내시경시술을 비롯한 획기적인 기술과 혁신적인 프로세스로 환자의 불편을 줄이고 회복은 빠르게 하며, 진료성과는 높인 경우다. 처음에는 Y병원에 대한 비난과 질시가 쏟아졌지만 시간이 지나면서 환자들이 그 병원을 대학병원보다 더 선호하게 되었다. Y병원이 배출한 많은 의사들이 전국에 걸쳐 전문병원을 세워 성공적으로 운영하고 있다. Y병원처럼 엄청난 잠재력을 보여준 대표적인 전문병원들이 국내 의료계에 속속 등장했다. 다만, 급성장은 이루었지만 경영역량의 한계로 인해 세계적인 첨단병원이나 개원가의 모델로 진화하지 못한 것이 매우 아쉽다.

최근 20여 년간 국가의 경제력은 지속적으로 상승했고, 의료계도 경영역량, 자금조달, 홍보수단 등 경영여건이 과거보다 매우 좋아졌다. 하지만 의사들의 꿈은 소박해져 경제적 안정성을 확보하는 게 병원경영의 목표가 된 경우가 적지 않다. 과거처럼 큰 그림을 그려 창의적, 혁신적 시도를 하려는 분위기는 찾아보기 어렵고, 더 큰 문제는 병원을 잘 경영해 경제적 안정을 달성해도 그 같은 시도는 여전히 하기 어렵다는 점이다.

이렇게 된 데는 이유가 있다. 병원이 잘 되면 주변의 부지나 건물의 가격이 덩달아 올라 병원을 확장하기가 거의 불가능하다. 게다가 개인병원은 1인 1개소 문제로 다른 곳에 병원을 차릴 수도 없다. 의료법인이 다른 지역에 분소를 내려고 해도 그 지역 보건소에서 허가를 내주지 않는다. 대형병원으로 키운 경우에도 김영삼 정부 이후 의과대학 설립을 허락해 주지 않으니까 대학병원이 될 방법도 없다. 기껏해야 대학병원에 기부금을 내고 '교육협력병원 협약'을 맺어 대학병원의 이름과 로고를 빌리는 데 만족해야 한다. <u>병원이 잘되어도 과거처럼 병원을 확장할 수 없는 '성장 족쇄'가 채워져 있으니 의료계가 역동성을 발휘하기가 사실상 불가능한 것이다.</u>

이는 심각한 문제를 초래한다. 병원을 성장시킬 수 있는 통로 자체가 막혀 있으니 병원으로선 지속적인 투자를 해야 할 필요성을 찾지 못하고, 그럴 엄두조차 내지 못한다. 이는 의료품질의 퇴보를 불러오며 병원이 현재까지 쌓아올린 위상을 계속 유지하기조차 어렵다는 것을 의미한다. 의사들이 부동산 분양사업을 하거나 심지어 레스토랑과 같은 본업과 관계없는 데 관심을 갖는 것은 이처럼 병원 성장에 대한 꿈이 원천적으로 가로막힌 탓도 있을 것이다.

우리나라의 의료정책이 왜 이렇게 의사나 병원 경영진에게 족쇄를 채우는 것인지 납득하기 어려운 게 사실이다. 의사들은 그저 늙을 때까지 환자를 많이 봐서 적절한 수준의 경제적 여유를 누리는 데 만족하라고 하는 것인지 의심스러울 정도다. 병원의 확장, 병원의 성장을 가로막는 정부 규제가 의료계의 역동성을 빼앗아 가는 희한한 상황이 벌어지고 있는 것이다.

## 그래도
## 담대한 꿈을 꿔야 한다.

의료환경이 이처럼 열악하지만 그렇다고 해서 병원장까지 이를 이유로 현실에 안주하거나 병원경영에 대한 의욕을 꺾을 수는 없다. 온갖 제약조건을 뚫고 기업 성장의 활로를 찾아내는 것이 유능한 기업가이듯이, 병원 경영자도 현재 주어진 조건이 열악해도 병원을 성장시키려는 꿈을 꾸고 그 방법을 찾아내야 한다. 수많은 중소기업 가운데 유니콘 기업으로 도약하겠다는 꿈을 가진 중소기업 사장은 남모르는 경영의 재미와 인생의 행복을 느낀다. 마찬가지로 중소병원의 병원장도 특정 진료영역에서 대학병원을 능가하는 최상의 의료품질과 혁신적인 서비스를 제공하고, 남다른 전략으로 미래형 수익모델을 구축하겠다는 멋지고 담대한 꿈을 간직해야 한다. 그것이 본인은 물론 구성원과 환자도 모두 행복해지는 길이다.

도쿄에 위치한 세이루카국제병원

우리나라는 상위 10위 내의 병원들이 모두 대학병원인 것을 당연하게 받아들인다. 하지만 대학병원이 아닌 병원도 대학병원을 이길 수 있는 방법은 있다. 보수적이기로 유명한 일본은 상위 10위 중 대학병원이 차지하는 비중은 절반에 지나지 않는다. 도쿄에는 도쿄대병원을 비롯하여 수많은 대학병원이 있지만, 뉴스위크가 실시한 일본의 병원평가에서 대학병원이 아닌 세이루카국제병원이 도쿄와 일본에서 각 2등에 랭크되어 있다. 그리고 수도인 도쿄 이외의 지역에 있는 병원도 절반을 차지하여 지방 병원도 최상급 병원이 될 수 있다는 것을 보여주고 있다(그림 1).

[ 그림 1 ] Top 10 일본 병원[2)]

**WORLD'S BEST HOSPITALS 2021** — Newsweek statista

| 순위 | 병원명 | 병상수 | 세계 순위 | 유형 | 비고 | 지역 |
|---|---|---|---|---|---|---|
| 1 | 도쿄대학병원 | 1,217 | 16위 | 대학병원 | 대학 | 도쿄 |
| 2 | 세이루카국제병원 | 520 | 18위 | 재단법인 | 비대학 | 도쿄 |
| 3 | 가메다병원 | 371 | 43위 | 의료법인 | 비대학 | 가모가와 |
| 4 | 큐슈대학병원 | 1,275 | 62위 | 대학병원 | 대학 | 후쿠오카 |
| 5 | 국립국제의료연구센터병원 | 781 | 71위 | 국립병원 | 비대학 | 도쿄 |
| 6 | 교토대학병원 | 1,121 | 84위 | 대학병원 | 대학 | 교토 |
| 7 | 구라시키중앙병원 | 1,166 | 91위 | 공익법인 | 비대학 | 구라시키 |
| 8 | 오사카대학병원 | 1,086 | 100위권 | 대학병원 | 대학 | 오사카 |
| 9 | 나고야대학병원 | 1,035 | 100위권 | 대학병원 | 대학 | 나고야 |
| 10 | 토라노몬병원 | 868 | 100위권 | 재단법인 | 비대학 | 도쿄 |

가메다병원은 지바현 가모가와에 위치해 있고, 대학병원이 아닌데도 전국 3위이다. 이 병원은 도쿄에서 신칸센으로 두

지바현 가모가와에 위치한 가메다병원

시간이나 소요되는 시골에 있지만, 입원환자의 75%가 도쿄에서 찾아오고 있다. 미국의 메이요 클리닉이나 클리브랜드 클리닉도 '클리닉'이라는 이름에서 보듯 개원가에서 출발해 세계적인 선도병원으로 성장했음을 알 수 있다.

나라마다 수도권 집중 정도나 의료제도가 다르기 때문에 해외의 사례를 국내 상황과 직접 비교하는 것은 한계가 있다. 하지만 유럽이나 미국과 달리 일본은 인구 집중도나 의료환경이 우리나라와 유사하기 때문에 충분한 시사점을 준다고 할 수 있다. 또 뉴스위크의 병원평가는 병원의 실적자료가 아니라 병원 평판조회 결과에만 의존하고, 그 평판이 확실하게 믿을 만한 것이냐에 대해서도 이견이 없지 않다. 그럼에도 불구하고 이를 대체할 평가가 아직 없기도 하고, 평판에 의존했을지라도 지방 병원들이 일본의 수많은 대학병원들보다 더 좋은 평가를 받은 것은 적지 않은 의미가 있다.

'아는 만큼 보인다'는 격언은 의료계에도 통한다. 앞으로 의료를 포함한 각 산업분야의 기술 진보와 정책적 환경에서 과거보다 더 높은 경쟁의 파도, 더 극심한 환경 변화가 연이어 밀려올 것이다. 이런 가운데 최근 우리나라 병원들의 위상이나 매출 순위를 바꿀 수 있는 새로운 서비스가 창출되고 있다는 사실을 놓치지 말아야 한다. 앞으로 새로운 일자리가 가장 많이 만들어질 것으로 전망되는 산업부문이 의료분야이고, 의료시장은 이미 국내시장에 한정되어 있지도 않다. 기존의 의료시장이 팽창하고 새로운 의료시장도 열리고 있는데 이를 보지 못하고 알아차리지 못하는 병원 경영자들이 많다. 환자의 입장이나 병원의 입장에서 무엇이 불편한가를 먼저 떠올리고 찾아봐야 한다. 그 지점이 곧 새로운 도전의 시발점이자 새로운 수익원을 창출하는 트리거가 될 수 있다.

앞으로 의사결정을 할 때 현상만 겨우 유지하는 미봉책으로는 이 같은 환경 변화를 따라잡거나 언제 닥칠지 모를 역경에 대처하는 것이 불가능하다. 말 그대로 '눈가림'일 뿐인 미봉책과 미래지향적인 근본적인 대책 가운데 어느 것을 선택해야 할지는 자명한 문제다.

☑ 다음 물음에 답하면서 생각을 정리해봅시다. Yes는 10점 만점이라면 8,9,10점에 해당할 때 Yes, 그렇지 않을 때(1~7점) No라고 체크하세요.

우리병원은,

- 3년 전보다 매출이 30%이상 성장했다 ☐ Yes ☐ No

- 3년 전보다 의사 수가 30%이상 증가했다 ☐ Yes ☐ No

- 지난 해 병원의 이익률이 10%를 넘는다 ☐ Yes ☐ No

- 환자가 선택할 특별한 이유가 있다 ☐ Yes ☐ No

- 3년 후 지역최고의 병원이 될 수 있다 ☐ Yes ☐ No

- 3년 후 매출은 50%이상 성장시킬 수 있다 ☐ Yes ☐ No

- 3년 후 이익이 50%이상 성장할 것이다 ☐ Yes ☐ No

※ Yes가 5개 이상이면 매우 양호(A), 3·4개면 보통(B), 3개 미만이면 열악(C)한 상황

우리가 진정으로 두려워해야 하는 것은
두려움을 갖는 것 그 자체이다.
두려움은 말도 안 되고,
생각도 없으며,
아주 불합리한 것이다.
이것은 우리가 앞으로 나아가야 할 힘을
후퇴하도록 마비시키는 주범이다.

「 프랭클린 루즈벨트 」

# 3

# 의료계의 다윗이 되어라

## 최적화된 전략과 실행력을 확보하자

지금 중소병원이란 용어는 '대학병원이 아닌 병원'으로 사용되는 듯하다. 대한병원협회의 수장을 대학병원과 중소병원의 경영자가 번갈아가면서 맡는 묵시적인 합의가 있는 것도 이를 반영하고 있다. 대학병원의 상대어는 비대학병원, 중소병원의 상대어는 대형병원인데도 대학병원이 대형병원 자리를 대치한 셈이다.

대학병원 중에도 동국대학교경주병원이나 건국대학교충주병원처럼 중소병원이 있고, 비대학병원 중에도 안동병원, 세명기독병원, 예수병원과 같은 대형병원이 있다. 그러니 이 책의 제목도 정확하게 달면 '비대학병원 생존전략'으로 해야 옳다. 하지만 어감을 최대한 살리기 위해 의료계에서 흔히 쓰는 용어를 그대로 사용했다. 독자들의 선해(善解)를 바란다.

<u>국내 병원경영에서 가장 큰 영향을 주는 변수는 '대학병원이냐, 아니냐'이다.</u> 대학병원이라는 브랜드는 많은 공격의 방패막이가 되고 재정적 신뢰를 주고 의사 확보를 용이하게

한다. 하지만 그 대신 '애매한 거버넌스(Governance)'라는 대가를 치러야 한다. 사립대학은 병원이 아닌 대학을 우선하는 이사회, 국립대병원은 정부 주도의 이사회에 의해 통제되고 있다. 대학병원이 아닌 대형병원은 병원 중심의 의사결정을 신속하게 할 수 있지만, 대학병원들은 대학이나 정부의 입장이 우선되어 병원 차원에서는 왜곡된 의사결정이 이루어지기도 한다.

또 대학병원은 의과대학의 교실체제를 그대로 안고 가야 한다. 주요 의사들이 겸직교원이기 때문에 병원경영의 논리로 인사관리를 하는 게 매우 어렵다. 즉 임상의사 이전에 교수이기 때문에 병원장이 승진과 관련된 인사나 징계, 세션 수 등을 결정할 때 관여하기가 매우 어렵다. 이렇게 병원과 학교의 이중구조를 가진 데다 병원장의 임기는 짧고 권한은 적기 때문에 병원을 경영하기가 매우 어렵다. 이런 뿌리 깊은 시스템적인 한계가 우리나라 대학병원이 세계적인 선도병원으로 도약하는 것을 가로막고 있다.

<u>병원경영에 큰 영향을 미치는 또 다른 변수는 병상규모라고 할 수 있다.</u> 대학병원이 아닌 병원을 중소병원이라고 포

괄해서 지칭하면, 30병상의 병원부터 대학병원의 평균보다 더 많은 병상을 가진 병원까지 포함된다. 병상수가 커짐에 따라 규제, 인력관리 등은 차원이 다르게 복잡해지는 반면 병원 신뢰도가 높아지고 병원경영에서는 규모의 경제를 확보할 수 있게 된다. 그래서 이제는 정확한 용어를 도입해보자. 200병상 미만인 경우는 중소병원, 200병상~500병상은 중견병원으로 불렀으면 한다. 500병상이 넘는 병원은 대형병원인데, 이 병원들은 대학병원이 가진 구조적, 태생적인 한계가 없어 규모의 경제를 충분히 누릴 수 있다. 이들 병원이 우리나라 의료에서 제3의 길을 창출해 낼 수 있는 주역이 될 수 있다고 생각한다.

잘못된 용어는 인식을 왜곡시킨다. 대형병원들이 스스로 중소병원처럼 인식하고 행동하여 중소병원의 한계를 그대로 받아들이는 경향이 있는 것도 이 때문이다. 이는 서커스단에서 어릴 때부터 길들여진 덩치 큰 코끼리와 비슷하다. 코끼리의 행동은 굵은 발목에 채워진 얇은 밧줄에 의해 완벽히 제압당한다. 코끼리가 맘을 먹어 조금만 힘을 써도 바닥에 박힌 말뚝을 뽑아낼 수 있지만 순치된 코끼리는 그럴 생각을 못하기 때문이다.

대학병원 여부와 병상규모라는 변수 이외에도 병원마다 처한 환경과 역량이 다르다는 점도 중요한 경영변수로 고려되어야 한다. 병원, 전문병원, 종합병원 여부에 따라서, 또 수도권, 광역시, 기타 위치한 지역특성에 따라서 달라지는 변수를 반드시 고려하고 과제와 해법이 무엇인지를 고민해야 한다. 또한 이사장을 비롯한 경영자의 철학과 비전, 평판, 역량, 성품에 따라 병원의 경영 전략 수립과 실행방식이 달라지기도 한다. 같은 질환을 앓는 환자라고 해도 개별 환자의 병기, 체질, 가족력, 체중 등에 따라서 처방이나 수술 방법이 다르고 환자들의 의지에 따라 치료 성과에서 차이가 나는 것과 마찬가지다.

이처럼 변화하는 환경에 대응하는 경영전략과 실행과제는 병원마다 다를 수밖에 없다. 심지어 같은 실행과제인 경우에도 세부적인 내용은 달라야 한다. 예를 들어 성과급 등 동기부여 제도는 의사의 타 병원 대비 급여 수준에 따라 도입 방식이 달라야 하고, 전문화해야 할 영역도 지역과 경쟁상황에 따라 달라져야 한다. 잘한다는 병원의 경영방식을 그대로 따라 하다가 의도한 효과는커녕 부작용만 발생하는 경우도 적지 않다. 그래서 자신의 병원에 최적화한 전략과 이를 실현할 수 있는 구체적이고 다양한 방안을 모색해야 하는 것은 두말할 필요가 없다. 요컨대 85병상 이상 전국의 1,070개 병원의 생존전략은 병원수와 같은 1,070개에 이른다고 해도 과언이 아니다.

### 우리병원은
### 다윗인가 골리앗인가?

다윗이 골리앗을 해치우겠다고 하니, 사울 왕은 자신의 투구와 갑옷을 벗어 다윗에게 주었다. 그 투구와 갑옷에 사울의 칼까지 찬 다윗은 시험 삼아 몇 걸음 걸어 보았으나, 거추장스럽고 불편해 모두 다 벗어버렸다. 목양 주머니에 돌 다섯 개를 넣고 양을 칠 때 사용하던 지팡이와 물매만 가지고 골리앗을 향해 나아갔다. 큰 소리를 치며 정면으로 걸어오는 골리앗을 향해 달려가며, 다윗은 돌 하나를 물매로 던져 그의 이마에 정통으로 맞추었다. 쓰러진 골리앗의 칼집에서 칼을 뽑아 기절한 그의 목을 베어버렸다.

아무리 좋은 도구도 자신에게 맞지 않으면 오히려 해가 될 수 있다. 사울 왕이 다윗에게 준 도구가 그러하다. 다윗이 무거운 투구와 갑옷을 입고 칼을 찼다면 그의 기민함은 사라졌을 것이며 물매로 돌을 던지기도 힘들었을 것이다.

골리앗은 힘이 좋지만 덩치가 커서 큰 갑옷을 입어야만 했다. 그런데 갑옷을 입는 순간 그러지 않아도 기동력이 부족한 골리앗은 뛸 수가 없게 된다. 덩치는 큰데 뛰지 못하는 표적. 날아다니는 작은 새도 돌팔매로 잡는 다윗에게 골리앗은 더없이 쉬운 표적인 셈이었다. 다윗은 모든 면에서 약해보였다. 하지만 작고 날렵하기 때문에 적의 공격을 잘 피할 수 있고, 정확한 돌팔매질로 적의 급소를 강타할 수 있는 주특기를 가지고 있었다. 무엇보다 중요한 것은 많은 병사들이 골리앗의 풍채에 기죽어 있을 때 다윗에겐 골리앗을 이길 수 있다는 용기(勇氣)가 있었다는 점이다.

스스로의 한계를 극복하기 어려운 국내 대학병원이 골리앗이라면 경쟁력 있는 중소병원이 다윗이다. 일반적으로 대규모의 대학병원은 브랜드, 의료품질, 의사나 간호사의 수급, 장비와 시설, 연구 사업화분야에서 중소병원보다 우위에 있지만, 규모가 작은 중소병원은 거버넌스, 경영의 전문성, 구성원의 협조도에서 대학병원보다 유리한 면이 있다. 중소병원은 다윗에게서 배우고 그가 걸은 길을 뒤따라야 한다. 하지만 <u>상당수의 중소병원들이 덩치는 다윗처럼 작은데 움직임은 골리앗처럼 느린 것이 문제다. 대학병원을 이길 수 있다는 용기를 상실한 건 더 큰 문제다.</u>

중소병원은 골리앗에 늠름하게 맞선 다윗처럼 대학병원을 이길 수 있다는 용기를 가지고 날렵한 기민성을 항상 유지하여 정확한 돌팔매질과 같은 강력한 특기를 확보하는 데 집중해야 한다. 항상 '우리병원이 주변의 병원이나 대학병원보다 특별히 잘하고 있는 것은 무엇인가'라는 질문을 그치지 않아야 한다. 주특기를 만들기 힘든 핑계와 변명은 수 없이 많을 수 있다. 하지만 의료시장과 환자는 경영자의 그런 사정을 봐주지 않고, 그런 핑계에 귀 기울이지 않는다. 어려운 것을 해내야 탁월한 경영자인 것이다.

그런데 종합병원인 중소병원의 경영자 가운데 대학병원을 경쟁자라고 생각하는 분이 20%에 지나지 않았다. 다행히도 종합병원보다 규모가 작은 전문병원의 경영자들은 대학병원을 경쟁자로 가장 많이(42%) 지목했다(설문 3). 전문분야에서는 의료품질에 있어 대학병원 못지않다는 자부심이 있기 때문일 것이다.

[ 설문 3 ] 우리병원의 경쟁자는 어디라고 생각하십니까? (%)[1]

| 구분 | 전체 | 병·의원 | 종합병원 | 전문병원 |
|---|---|---|---|---|
| 병·의원 | 11 | 22 | 8 | 11 |
| 종합병원(중소병원) | 38 | 55 | 51 | 19 |
| 전문병원 | 23 | 17 | 21 | 28 |
| 대학병원 | 27 | 6 | 20 | 42 |

## 중소병원의 핵심역량은 '경영자의 전문성'이다

경영성과는 저절로 주어지지 않는다. 경영자의 전문성(專門性)과 전임성(專任性)이 전제되어야 한다. 즉 경영과 그 업종에 대한 지식과 경험이 있어야 함과 동시에 경영에 모든 시간과 관심을 집중해야 한다는 것이다. 그런데 대학병원의 경영자들은 이 두 가지 조건을 갖추기 어렵다. 병원장은 임명 전에 경영에 대한 경험이나 교육기회가 적어 경영의 전문성이 부족한 경우가 대부분이다. 병원장이 된 후에도 진료시간을 크게 줄이지 않아 경영에 몰두하는 시간과 노력이 그리 많지 않다. 병원장을 비롯한 경영진의 권한과 보상도 미흡하여 경영진들이 비난을 감수하면서까지 과감한 혁신을 추진하게 하는 동기도 떨어진다. 상당수의 병원장은 전문성과 전임성 모두가 미흡한 셈이다.

대체로 사립대병원은 2년, 국립대병원은 3년 임기인데, 연임사례는 매우 드물다. 임기의 절반이 지나면 레임덕 현상이 일어나기 때문에 병원장이 실제로 일할 수 있는 시간은 사립대병원은 1년, 국립대병원은 1년 반 정도인 셈이다. 그래서 장기적 관점에서 경영하기가 원천적으로 어렵고, 병원장이 바뀌면 기존 정책을 뒤집고 역주행하기 일쑤다. 한마디로 대학병원은 '단기경영'의 극심한 폐해에 시달리고 있다.

이에 반해 중소병원의 경영자는 대부분 오너이기 때문에 오랜 기간 병원장이 바뀌지 않는다. 장기적인 관점에서 과감한 투자와 일관된 정책을 추진할 수 있는 여건을 갖추고 있다. 창립자나 2세의 경우에는 경영의 경험과 현장 교육의 기회도 많아 경영의 전문성을 쌓을 수 있다. 자신의 거의 모든 것이 걸려있기에 대부분의 시간을 병원경영에 할애할 수밖에 없다. 이런 특성에서 나오는 의사결정의 신속성과 전문성이 중소병원의 가장 큰 장점이다.

작은 의원에서 출발하여 꽤 규모가 큰 병원으로 성장시킨 사례가 적지 않다. 그런 창립자들은 의사로서도 명의였고, 경제적 관념도 밝았다. 오랜 경험으로 세세한 업무까지 잘 알며 강력한 추진력도 갖추었다. 이런 병원은 창립자의 열정과 전문성으로 급성장 루트에 성큼 올라탈 수 있었다.

그런데 그들의 장점은 시간이 지나면서 단점이 되기도 한다. 그들은 개인적인 카리스마나 감(感)에 기댈 뿐 시스템 구축은 등한시한다. 자기 확신이 강하다 보니 다른 의견을 듣지 않고, 환경변화에 둔감해 새로운 시도를 하지 않는다. 도전적인 시도로 병원을 성장시킨 경험이 있으면서도 갈수록 투자보다는 사소한 비용 절감에 집착하는 경향을 보이기도 한다. 전통 있는 중소병원들이 소극적인 행보로 혁신의 적기를 놓치는 바람에 성장이 정체되거나 쇠락하는 모습을 흔히 찾아볼 수 있다. 경영자의 역량과 의지가 중소병원의 성쇠를 좌우하는 키(key)라는 사실을 말해준다.

## 다윗처럼
## 판단하고, 행동하라

경영성과는 의사결정의 질과 속도가 결정한다. 그리고 그 성과는 경영자의 권한과 책임 그리고 전문적 식견과 경험에 의존한다. 대학병원의 경영자들은 짧은 임기, 부족한 경험 때문에 차일피일 결재를 미루는 경향이 있다. 병원장의 권한도 제약이 많아 소신껏 의사결정을 할 수 있는 분위기도 되지 않는다. 주요한 의사결정을 하려면 이사장의 승인, 이사회의 결의를 거쳐야 한다. 여기에 더해 교수평의회나 노동조합의 반대가 있으면 이사회에서 의결된 사안도 지연되거나 무산되기 일쑤다.

하지만 중소병원의 이사장과 병원장은 경험도 많을 뿐 아니라 결정하면 대부분은 바로 실행할 수 있는 권한이 있다. 중요한 의사결정을 할 때 이런 장점을 살리기 위해 다윗의 행동을 생각해보자. 확신을 가지고 정면승부를 해야 한다. 그리고 망설이지 말고 신속하게 실행한다. 그리고 한 번에 쓰러뜨릴 수 있도록 완벽하게 추진하고, 쓰러진 골리앗의 칼집에서 칼을 뽑아 그의 목을 벤 것처럼 깔끔하게 마무리해야 한다. 이를 의사결정의 3가지 요건인 DSQ(Direction, Speed, Quality)로 정리할 수 있다.

먼저, 전략적으로 올바른 방향(Right Direction)을 선택해야 한다. 다윗은 골리앗을 이길 수 있다는 확신을 가지고, 골리앗의 약점을 파악하여 자신의 강점을 살리는 방식으로 정면승부를 했다. 이처럼 비전을 달성할 수 있다는 자신감을 가지고, 자신과 경쟁자에 대한 냉정한 인식을 기반으로 전략적 방향을 설정해야 한다.

세월은 콘크리트도, 강철도 닳게 한다. 급변하는 의료환경하에서 비전을 달성하는 방법도 마찬가지다. 비전을 달성하기 위해 과거와 같은 방식으로 하는 것은 성공확률이 거의 없다. 하지 않았던 일을 하거나, 하고 있던 일이라면 지금까지와는 다른 방식으로 해야 한다. 지금까지의 경영방식이 '최선을 다하다 보면 어떻게 되겠지'라는 것이었다면 앞으로는 이 일을 하고 나면 다른 병원과 차별화된 결과를 낼 수 있는지를 예상하고, 결정해야 한다.

<u>둘째, 실행의 속도(Speed)는 전광석화와 같아야 한다.</u> 다윗은 골리앗을 해치우겠다고 말한 뒤 얼마 되지 않아 큰소리를 내며 골리앗을 향해 돌진했다. 다윗도 시간을 끌었으면 겁이 올라왔을지도 모른다. 스스로 용기를 북돋우기 위해 달려갈 때도 큰소리를 질렀을 것이다.

똑같은 전략을 구사하더라도 실행에 걸리는 시간에 따라 그 성과의 양감, 질감은 확연히 달라진다. 특히 생존의 갈림길에서는 우물쭈물할 시간이 없다. 투자가 크지 않거나 실패할 경우 손실이 치명적이지 않다면 과감히 시도해야 한다. 실패해도 경험은 쌓인다. 이를 바탕으로 다시 시도하면 된다. 실패해도 큰 무리가 없는 사안을 좌고우면하면서 차일피일 미루는 것은 대학병원에서나 누릴 수 있는 여유이지, 중소병원에서는 독약이다.

구글의 CEO인 래리 페이지는 "느리면서 좋은 의사결정

(Good Slow Decision)이란 것은 없다. 좋은 의사결정은 빠른 것(Good Fast Decision)을 전제로 한다."고 했다. 존 챔버스 전 시스템 CEO는 "덩치가 큰 기업이 늘 작은 기업을 이기는 것은 아니지만, 빠른 기업은 언제나 느린 상대를 물리친다."고 했다.

<u>셋째, 치밀한 추진방식으로 실행의 완성도(Quality)를 높여야 한다.</u> 다윗은 갑옷이나 투구를 입지 않고 몸을 가볍게 하여 돌을 단번에 골리앗의 이마에 정통으로 맞추어 쓰러뜨렸다. 다윗은 아무리 좋은 무기여도 자신에게 맞지 않으면 버렸고, 자신이 잘 할 수 있는 방식을 택했다는 것을 기억해야 한다. 다섯 개의 돌을 준비한 것은 네 번의 실패를 각오한 것인지도 모른다.

대개의 중소병원들은 변화를 모색할 때 자신의 병원 여건을 고려하지 않고 그저 선도병원들을 따라 여러 제도를 도입하는 경향이 있다. 그리고 실패할 경우를 대비하지 않는다. 또 어느 정도 성과가 나오면 그것에 만족하고 더 이상의 후속조치를 하지 않는다. 그 반대로 해야 한다. 자신에게 최적화된 방식을 택하고, 만약의 실패를 대비하며, 성과를 끝까지

챙겨야 한다. 이를 실행의 완성도(Quality)라고 하며 다른 말로 디테일(Detail)이라고 한다. 이는 유사 경험과 세부적인 실무지식에서 나오는 노하우를 요구한다. 대학병원은 구성원들의 역량이 상대적으로 높고 외부 전문가를 활용하여 완성도를 높이지만, 중소병원은 그렇지 못한 경우가 많다. 중소병원의 경영자가 특별히 완성도에 관심을 기울여야 하는 이유다.

중소병원의 경영자가 전략방향을 제대로 정하고, 신속하게 추진하며 실행의 완성도를 챙긴다면 대학병원과의 경쟁에서 결코 불리하지 않다. 골리앗을 넘어뜨린 다윗의 전략이 그랬다.

## 유도전략(Judo strategy)을 활용하자

'유도전략'이란 상대의 힘을 역이용하는 유도의 민첩함과 허를 찌르는 기술을 경영에 응용하는 것인데, 소규모 조직이 덩치 큰 조직을 상대로 구사하기 좋은 전략이다. 중소병원이 이런 전략을 구사하기 위해서는 대학병원의 허(虛)와 실(實)을 정확히 파악하고, 이를 활용해야 한다.

덩치가 큰 골리앗은 자신을 지키기 위해 투구와 갑옷이 필요했을 것이다. 하지만 그것들이 다윗과의 싸움에서는 오히려 짐이 되었다. 마찬가지로 중소병원이 대학병원을 무작정 따라 하면 오히려 발목을 잡힐 수 있다. 예컨대 대학병원의 이사회와 번거로운 각종 제도 등은 중소병원에겐 머리를 무겁게 하고 합리적인 의사결정을 어렵게 하는 골리앗의 투구이자 갑옷이 되어 버린다.

과거에 대학병원은 병원규모가 크고 교수가 진료를 한다는 점에서 국민들의 신뢰가 매우 컸다. 특히 명문대학의 브랜드에 힘입은 대학병원은 고객이 저절로 찾아오기 때문에 병원경영에 크게 신경 쓰지 않아도 되었다. 하지만 지금은 그렇지 않다. 무엇보다 환자의 생각이 달라졌다. '대학병원은 수련의 교육 때문에 환자가 실험대상이 될 수도 있다' '교수들이 환자를 직접 진료하지 않고 전임의나 전공의에게 진료를 맡기기도 한다'고 여기는 사람들이 많아졌다. 과거에는 당연하게 여기던 대학병원의 긴 대기시간, 의사의 짧은 설명 등을 지금은 큰 불만으로 생각한다. 환자들에게 각 진료영역별로 대학병원과 전문병원의 선호도를 조사하면 선호비율에 큰 차이가 나지 않는다. 이제는 환자들이 브랜드에 막연히 의존하는 게 아니라 구체적인 진료성과와 서비스경험을 토대로 판단한다.

중소병원의 장점을 살려 특정 질환에서 대학병원보다 나은 점을 만들고 꾸준히 알린다면 대학병원이 근처에 있어도 경쟁력을 충분히 확보할 수 있다. 그러기 위해선 아래 세 가지 요건은 갖추어야 한다.

첫째, 중소병원도 특화영역에서만큼은 대학병원 이상의 의사수를 확보해 진료경험을 많이 쌓게 하고, 교육과 연구의 여건도 매력적으로 조성해야 한다. 과거에는 대학병원의 교수 직함은 명예와 전문성을 보증하는 징표였다. 대학병원에만 있는 고가의 첨단장비를 활용할 수 있으니 중증질환을 치료한 경험이 많을 수밖에 없다. 게다가 선진국의 대학병원에서 연수하거나 국제컨퍼런스에 참여하는 등 학습기회도 교수들에게 집중되어 있었다.

하지만 이제는 교수 정원이 많아져 희소성이 줄기도 했고, 봉직의와의 급여 차이가 커 우수 의사들이 중소병원을 선호하는 경향도 생기고 있다. 대학병원의 지방분원에서는 교수 초빙이 잘 안될 정도다. 이제는 중소병원의 의사들도 해외연수나 국내외 컨퍼런스에 참가하기가 어렵지 않고 세계적 명의의 수술동영상도 쉽게 구해볼 수 있는 등 교육기회에서도 차이가 크게 나지 않는다. 중소병원이 특화영역을 잘 발굴해 의사를 충분히 확보하고 질 높은 교육기회를 보장한다면 대학병원과 겨뤄도 밀리지 않는 경쟁을 펼칠 수 있다.

둘째, 우수 의사가 신나게 일할 수 있는 다양한 제도와 효율적인 진료시스템을 갖추어야 한다. 대학병원의 교수는 연구, 교육, 봉사활동을 하느라 진료에 집중하기 어렵다. 진료시간도 중소병원 봉직의의 절반에 미치지 못한다. 그래서 중소병원은 봉직의 급여를 더 주어도 진료생산성은 결코 뒤떨어지지 않는다. 대학병원은 원로교수에 대한 대우, 진료과 간의 형평성 등의 제약으로 보상체계를 혁신적으로 운영하기 어렵다.

하지만 중소병원은 파격적인 인센티브제도를 운영할 수 있다. 몸집이 무겁고 관료화된 대학병원과는 달리 환자들의 고충이나 구성원의 제안을 신속히 반영하여 시스템을 정비할 수 있다. 특히 전문영역에서부터 협진이나 진료프로세스를 효율적으로 구축할 수 있다.

<u>셋째, 전문영역에 특화된 첨단장비와 시설 그리고 시스템에 꾸준히 투자해야 한다.</u> 중소병원이 장기이식과 같은 영역에 뛰어들어 대학병원과 경쟁하는 것은 큰 부담이 될 수 있다. 하지만 대부분의 영역에서는 경쟁해볼 만하다. 과거 대학병원에만 있었던 첨단장비와 시설 그리고 시스템들을 쉽게 구비할 수 있는 환경이 조성되었다. 고가의 장비도 일시불로 대금을 지급하는 것이 아니라 리스로 구매할 수 있기 때문이다. 오히려 대학병원은 각 진료과가 1/N의 지분으로 각자의 중요도를 주장하기 때문에 첨단장비를 도입할 타이밍을 놓치는 경우가 많다. 전문영역에 꼭 필요할 첨단장비라면 대학병원보다 선제적으로 도입하는 것이 좋다.

## 경영자는 숫자에 밝아야 신속한 결정이 가능하다

전국의 여러 병원들과 협력경영을 하면서 놀라는 것 중 하나가 병원장의 '숫자 몰개념과 너무 낙후된 재무관리시스템'이다. 때때로 급여를 제날짜에 주지 못하던 A병원은 최근 환자가 꽤 늘면서 월급을 주지 못하는 걱정에서는 벗어났다. 그런데 월급 날짜를 얼마 앞두고 갑자기 실무자가 월급을 줄 돈이 모자란다고 한다. 그럼에도 왜 자금이 없는지 명쾌하게 설명하지도 못한다. 월급을 주지 못할 것으로 예상되면 다른 지출을 미리 줄이든지 협력업체와 논의해서 대금지불을 지연시켰어야 했다. 그런데 이런 노력은 하지 않은 채 돈을 꾸어야 한다고 주장을 하고, 병원장은 이를 당연하게 받아들인다. 그때부터 병원장은 여기저기 돈을 빌리러 다닌다. 그런데 <u>한숨을 돌리고 나면, 다음 달은 괜찮을 것이라고 생각하고 별다른 조치를 하지 않는다. 그렇기에 이런 일들은 반복될 수밖에 없다.</u>

이 병원이 만성적인 유동성 위기에 시달리는 것은 과거에 발생한 과징금을 납부하고 시설장비에 많은 투자를 하는 바람에 한꺼번에 많은 현금이 빠져나가면서 비롯됐다. 병원장은 과거보다 병원 운영이 더 잘 되는데도 이런 일이 발생하는 것은 자신이 경영을 잘못하고 있기 때문이라고 낙담했다. 사실 기초적인 요령이 부족했다. 과징금을 연기할 수도 있었고, 구매한 물품을 리스로 돌릴 수 있었고, 투자를 단계적으로 할 수 있었음에도 이를 놓친 것이다.

매번 월급 걱정을 해야 하는 상황이라면 늘 무엇에 쫓기는 기분일 수밖에 없다. 말이 좋아 병원장이지, 왜 이런 고생을 하는지 회의가 수시로 든다. 어느 병원장은 이런 기분을 마치 '영혼을 파는 것'과 같은 괴로움이라고 표현했다. 이런 사태는 극단적으로 자금이 부족한 경우도 있지만, 대부분은 재무를 담당하는 실무자의 역량이 미흡할 뿐 아니라 병원장도 숫자 개념이 취약하기 때문에 일어나는 일이다. 이들은 그저 환자수와 병상가동률에만 목을 매면서 그 수치가 증가하면 좋아하고 떨어지면 우울해한다.

<u>병원장이 하는 중요한 의사결정의 대다수는 돈이 들어간다. 병원장이 재무적인 개념이 취약한 경우에는 의사결정이 지연될 수밖에 없다.</u> 병원장이 먼저 재무제표를 읽는 법이나

재무분석에 대한 기본적인 공부를 해야 한다. 그리고 병원은 언제든 자금여력을 파악할 수 있고, 특정사안에 대해 자금을 투입했을 경우 그로 인한 재무성과와 재무위험을 가늠해 볼 수 있는 역량과 정보시스템을 갖추어야 한다.

병원은 매년 말이 되면 다음 해의 연간예산계획을 세워야 한다. 수립된 예산에 따라 자금조달계획을 세우고, 차입금 상환과 추가차입에 대한 계획 등도 자금조달계획에 포함하여야 한다. 연간예산계획에 기반을 두어 연, 월, 일 단위의 자금계획과 집행실적을 관리해야 한다. 예산과 대비하여 자금을 어디에, 어떻게 썼는지 분석하고, 상시 자금여력을 파악하여 유동성 문제가 발생하지 않도록 사전에 관리해야 한다.

일상적이지 않은 투자결정을 할 때에는 사업타당성 검토를 면밀히 해야 한다. 신속한 투자결정이 필요한 경우에는 간이 손익계산서라도 작성해야 하고, 자신이 없으면 재무전문가에게 의뢰하는 것도 방법이다. 사업타당성을 분석할 때는 수익과 비용의 계정을 수량과 단가로 나누어 추정해야 한다. 흔히 수요를 지나치게 낙관적으로 예측하는 경향이 있는데, 수요는 낙관적, 중립적, 비관적으로 시뮬레이션을 하여 최악인 경우에 필요한 자금을 조달할 수 있는지를 확인해야 한다. 또 투자액 또는 공간을 다른 용도로 사용했을 때 발생하는 수익과의 차이인 기회비용을 고려하여 의사결정을 해야 한다.

A병원의 경우 병원장은 재무에 대한 이해가 부족하고, 실무자 역시 이를 보완하는 역할을 하지 못하고, 병원은 기본적인 재무시스템도 없었다. 한마디로 관리기능이 거의 없었기에 병원장이 경영하기 어려울 뿐 아니라 깜깜한 동굴에서 횃불 없이 걸어가는 것과 같은 불안한 경영을 한 것이다.

☑ 다음 물음에 답하면서 생각을 정리해봅시다. Yes는 10점 만점이라면 8,9,10 점에 해당할 때 Yes, 그렇지 않을 때(1~7점) No라고 체크하세요.

우리병원은,

- 최적화된 남다른 전략을 보유하고 있다 ☐ Yes ☐ No

- 경영진의 의사결정이 매우 신속한 편이다 ☐ Yes ☐ No

- 전략을 추진하는 완성도가 매우 높다 ☐ Yes ☐ No

- 과거의 전략은 매우 성공적이었다 ☐ Yes ☐ No

- 경영자는 경영에 올인(All-in)하고 있다 ☐ Yes ☐ No

- 경영자의 경영전문성이 매우 높다 ☐ Yes ☐ No

- 경영자의 재무적 역량이 뛰어나다 ☐ Yes ☐ No

※ Yes가 5개 이상이면 매우 양호(A), 3·4개면 보통(B), 3개 미만이면 열악(C)한 상황

성공도 우연이 아니고, 실패도 우연이 아니다.
성공하는 사람은 성공에 이르는 일을 하는 사람이고,
실패한 사람은 그런 일을 하는데 실패한 사람이다.

「 브라이언 트레이시, 컨설턴트 」

# 4

# 위기에 처했던 병원에서 배운다

## 하인리히 법칙과 병원경영

산업재해와 관련해서 '1 : 29 : 300 법칙'으로 불리는 하인리히 법칙이란 게 있다. 이는 1번의 중대한 사고가 일어나기 전에는 29번의 경미한 사고가 발생하고, 그 이전에는 300번 이상의 사소한 이상 징후들이 나타난다는 것이다. 그런데 대부분의 조직들은 큰 재앙으로 이어지는 작은 경고들을 무시하거나 특별한 관심을 가지지 않는다.

"망하는 병원들은 다 이유가 있어요. 우리는 그 병원들과는 다릅니다." 자신의 병원도 어렵기는 하지만 그래도 망하는 병원하고는 거리가 있다는 말이다. 어떤 병원장은 적자를 내지 않거나 큰 사고가 없다는 이유로 병원을 무난하게 잘 운영하고 있다고 생각하기도 한다.

그러나 병원의 위상이 정체되고 투자여력을 마련할 정도의 이익을 내지 못하고 있다면, 그것은 퇴보하고 있는 것이다. 사건사고가 하나만 터져도 재무적 위험에 처할 가능성이 많다.

병원의 위기를 나타내는 징후는 다양하다. 우수 의사가 없다, 시설이 지저분하다, 장비가 낙후되었다, 더 이상 버틸 수 없을 정도로 적자가 누적되었다 등. 이런 증상이 있으면 환자가 찾아오지 않고 병상을 줄여야 하는 상황이 된다.

그 후엔 진료수익이 줄고 적자가 더 쌓인다. 시설과 장비에 투자하거나 우수 의사를 영입할 여력도 없고, 더 이상 차입도 어렵다. 미지급된 물품대금은 눈덩이처럼 불어나고 급기야 임금이 체불된다. 진료성과가 높은 의사부터 떠나고 우수 간호사도 그만둔다. 병원 분위기가 이렇게 되면 연봉을 더 높여도 우수 의사를 구할 수 없다. 우수 의사가 없으니 환자는 더 줄고 적자는 더 는다. 악순환의 고리를 돌며 절망의 계곡으로 빠져들게 된다.

망하는 병원이 대체로 이런 흐름을 탄다. 저자의 경험상 특히 중요한 징후가 있다. <u>망하는 병원의 1차 징후는 병상을 줄일 때다.</u> 노는 병상을 보지 못해 '병상 축소' 카드를 섣불리 꺼내는 것만큼 위험한 게 없다. 한 번 축소시킨 병상을 다시 회복시키기는 극히 어렵기 때문이다. <u>2차 징후는 급여를 제날짜에 지불하지 못하는 것이다.</u> 급여가 네 번 이상 체불되면 회생가능성은 매우 희박해진다. 그래서 병상을 줄여야겠다는 생각이 들거나 급여가 한 번 체불되면 그건 숨이 넘어가고 있다는 강력한 신호로 받아들여야 한다.

사소한 신호도 놓치지 말아야 하는데, 강력한 신호를 놓치면 재앙적인 상황을 자초하는 것과 마찬가지다. <u>신호가 왔을 때 미봉책으로 막는 데 급급하지 말고 근본적인 접근을 해야 한다. 모든 징후에는 가려진 다양한 원인이 있다. 망해가는 병원도 질병 치료처럼 근원을 고쳐야만 회생할 수 있다.</u>

## 환경이 바뀌면
## 창조적으로 적응해야

어느 지역이든 오랜 전통을 가진 중소병원들이 있다. 주민 중에 그 병원들을 모르는 사람이 없을 정도다. 그 병원들은 창립자의 전공을 기반으로 설립돼 그 성과를 인정받았기에 사실상 전문병원에 가까운데, 규모가 커지면서 종합병원의 형태를 갖추게 된다. 창립자의 대부분은 20~30년 전 신경외과, 정형외과, 산부인과 분야에서 명의였다. 당시는 대학병원들의 문턱이 높고 매우 불친절하던 시절이었다. 그래서 주민은 중증도가 높은 질환에 걸려도 지역에 있는 중소병원을 기꺼이 선택했다. 그 결과 중소병원들은 꾸준히 성장했고 조금씩 규모를 키울 수 있었다. 이 병원들은 자금이 모이는 대로 주변 건물을 사서 리모델링하거나 증축했기에 병원이 독특한 구조로 연결되어 있고 동선이 복잡하다는 특징을 갖고 있다.

병원장과 병원 구성원들은 지역민의 건강을 책임져왔다는 자부심이 대단하고 지역사회도 이를 인정하는 분위기다. 그런데 대학병원이 많아져서 환자들이 그쪽으로 몰리고, 병원의 우수 의사들은 주변에 개원하며 떠나간다. 이렇게 경쟁력이 떨어져도 잘 알아차리지 못하거나 특별한 전략을 구사하지 않을 만큼 둔감한 것도 이들 병원의 공통점 가운데 하나다.

과거에는 환자들이 거리가 먼 대학병원에 접근하기가 어렵고, 가까이 있어도 병상부족으로 입원하기 힘들었다. 그렇기에 중소병원은 이를 보완하는 명확한 역할이 있었다. 창립자는 자신의 카리스마나 인간적 친밀성 그리고 금일봉 등을 활용하여 의사들과의 관계를 잘 형성했다. 하지만 대학병원이 증축하거나 분원을 세우고 주요한 진료영역별로 전문병원들이 생기면서 우수 의사들의 이탈이 늘어났다.

하지만 이를 심각한 위기로 받아들이지 않았다. '무슨 일이 있어도 우리병원은 살아남을 것'이라는 안이함에 빠진 것이다. 의료환경이 바뀌어도 적응할 생각은 하지 않고 그저 세상을 탓하며 그간의 전통(?)적인 경영방식을 고수한다. 정부정책이 잘못되었고, 다른 병원이 정직하지 않은 경영을 해서 자신들이 어려움을 겪고 있다는 인식에 머물러 있다.

[ 설문 4 ] 현재 우리병원은 혁신이 어느정도 필요합니까? (%)[1]

| 구분 | 비율 |
|---|---|
| 현상 유지 | 28 |
| 일상적 혁신 필요 | 53 |
| 고강도 혁신 필요 | 19 |

현재 병원에 혁신이 필요한 정도를 묻는 설문에 중소병원 경영자의 19%만이 '고강도의 혁신'이 필요하다고 답했다.

이에 반해 일상적 수준의 혁신이 필요하다고 응답한 분이 53%에 달했고, 특별한 혁신이 필요 없다는 분도 28%나 되었다(설문 4). 그런데 저자의 경험에 따르면 <u>절박감을 가진 경영자들만이 혁신의 성과를 거두었고, '혁신을 하면 좋다'는 정도의 인식을 가진 경영자가 혁신의 성과를 내는 경우는 거의 없었다.</u>

'냄비 안 개구리' 이야기를 연상하게 한다. 처음엔 시원하던 물이 미지근해지고 조금씩 데워지지만 개구리는 느끼질 못한다. 그러니 탈출할 생각을 하지 못하다 너무 뜨거워져 탈출하려면 다리가 말을 듣지 않는다. 환경변화에 둔감해 죽어가는 줄도 모르고 숨지는 것은 냄비 안 개구리만이 아니다.

사랑과 이별이 인류의 영원한 테마이듯이 변화와 혁신은 경영의 영원한 테마이다. 시간이 지나면 모든 것이 변한다. 사랑의 감정도 예외가 아니다. 사랑을 오랫동안 지키려면 관계도 혁신해야 한다. 진부한 관계는 결국 이별을 맞이하고 만다. 경영을 둘러싼 환경도 시간이 지나면 변한다. 과거의 환경에 통했던 성공방식은 먹히지 않게 된다. 이럴 때 필요한 게 혁신이다. 그래서 '혁신'이라는 구호는 진부하게 들리지만, 고대 이래로 경영주체가 바뀔 때마다 '전가의 보도'처럼 등장하지 않을 수 없다.

과거와는 다른 새로운 시도를 하지 않으면 과거에 안주하는 것이다. 기회를 선점하여 새로운 분야를 선호하는 조직(First-Mover)은 환경변화에 기민하게 대응한다. <u>선도적인 병원이 되기 위해서는 변화가 이루어진 뒤 이에 적응하는 방안을 찾는 게 아니라 변화 징후가 감지될 때 자신의 병원에 유리한 방향으로 활용할 방안을 짜고 실행해야 한다.</u> 이를 경영학에서는 '창조적 적응'이라고 부른다.

## 과거의 성공에서 벗어나 전략적 변신에 성공해야

A병원은 여성분야를 잘하기로 알려진 종합병원이다. 역사와 전통이 있고, 오랫동안 환자들에게 사랑받는 병원이었다. 여성관련 분야는 의료진의 진료성과, 시스템과 장비 등에 있어 대학병원을 능가했다. 규모가 커짐에 따라 타 진료과도 성장하여 새로운 도전이 절실한 타이밍이었다. 그럼에

도 산부인과 전문병원이라는 인증을 지키기 위해 타 진료과의 입원 규모를 제한하였다. 전문분야인 산부인과의 입원환자 비중을 지키기 위해서였지만, 그 결과 타 진료과는 전문분야의 지원역할을 하는데 그칠 수밖에 없었다. 타 진료과의 사기가 떨어졌음은 물론이다.

이런 상황에서 모 대학병원에서 여성암전문병원을 개원하여 여성 진료분야에서 경쟁력을 강화했다. A병원은 그 분야만큼은 대학병원보다 의사수나 환자수가 많아 충분히 경쟁력을 가질 수 있는 상황이었다. 그럼에도 유방·자궁암·갑상선암과 관련된 경쟁은 피하고 다른 영역을 특화하려는 도전도 주저하였다. 오직 기존의 불임과 출산분야를 강화했다. 그 결과 성장은 정체되고 중증도는 떨어져 과거의 명성도 잃어버리게 되었다. 자신의 강점이었던 특화영역을 더 강화해 대학병원과의 경쟁우위를 확보하고, 전문병원의 특혜를 포기하더라도 다른 특화영역을 한두 개 더 추진했어야 했다.

B병원은 대학병원은 아니지만 대형병원으로서 지역의료를 담당하고 있었다. 과거에는 중증환자들이 많았는데 대학병

원으로 쏠림현상이 심화되어 수술건수가 현저히 떨어졌다. 중증질환에서는 대학병원과 경쟁할 수 없다고 판단하여 개원가의 수익성이 높은 분야와 경쟁하기로 했다. 피부·미용센터 전략이 먹혀들 것인지 제대로 된 분석도 없이 그저 감(感)에 의존해 밀어붙였다. 적자상황인데도 큰돈을 들여 인테리어를 새로 하고, 개원가와 경쟁한다며 첨단장비를 구매하는 무리수를 둔 것이다.

하지만 대형 종합병원의 내부에 있는 피부·미용성형센터의 봉직의에겐 개원의의 절박함에서 나오는 친절과 혁신마인드가 없다. 게다가 병원의 특정 센터만 고급으로 꾸미다 보니, 다른 시설들이 더욱 흉물스럽게 보이는 부작용도 생겼다. 전략이라는 것은 모든 병원에 공통적으로 적용되는 것이 아니다. 이 같은 사례는 대형병원에서 할 수 있는 전략과 그렇지 못한 전략을 구분하지 않은 실패한 전략이다.

어느 조직이나 과거의 성공요인이 현재의 실패요인이라는 말을 수시로 되새겨야 한다. <u>환경이 바뀌면 필요한 역량이 바뀌고 최적의 전략도 바뀐다. 과거의 성공법칙에 집착한 나머지 전략에 변화를 줄 타이밍을 놓쳐서는 안 된다.</u>

고객들이 불편하게 생각하는 것부터 서둘러 고치고 다른 병원의 모범사례를 연구하는 등 재원이 크게 들지 않는 시도는 되도록 빨리, 자주 할수록 좋다. 이런 투자는 실패해도 병원에 큰 타격이 없다. 그러나 시설 확장, 첨단장비 도입처럼 재원이 많이 들고 실패했을 때 되돌리기 어려운 시도는 보다 전문적인 시각에서 검토되어야 한다. 늘 해오던 방식으로 바라보면 고착화된 틀을 벗어나기 어렵고 결국 똑같은 결과만 나올 뿐이다.

### 의료와 관련된 다각화를 해야

C의료법인은 대도시에서 조금 멀리 떨어져 있었다. 주변에 계속 아파트가 들어서면서 병원은 급성장했다. 병원규모를 키우기 위해 수시로 공사를 했다. 그 과정에서 이사장은 부동산과 분양사업에 눈을 돌리게 되었다. 부동산 회사를 직접 설립하여 분양사업에 본격적으로 뛰어들었다. 하지만 투자손실이 커지자 병원의 운영자금과 장례식장의 임대보증금을 불법적으로 사용했다. 게다가 주식투자에까지 재미를

붙이는 바람에 문제가 더욱 심각해졌다. 처음에는 지인이 알려준 기업의 내부정보를 통해 제법 이익을 내었다. 그러나 정작 자금이 필요할 때 주가가 떨어져 사업에 필요한 자금조차 마련할 수 없었다. C의료법인은 헤어날 수 없는 수렁에 빠졌고, 결국 병원은 다른 재단에 넘어가고 말았다.

실제로 부동산 개발사업이나 주식투자를 통해 성공하는 사람은 극히 드물다. 하물며 중소병원의 오너들이 의료와 무관한 사업에 불법적으로 발을 담그는 것은 위험하기 짝이 없는 일이다. 투자든 투기든 상관없이 그것이 실패했을 때는 병원에 치명타를 입힌다. 뿐만 아니라 오너가 일탈하거나 불법적인 행위를 하는 병원에서는 직원들도 병원 일을 하면서 사익을 챙기거나 병원의 재정을 엉망으로 만들곤 한다.

남들에겐 쉽게 보여도 조직의 운명과 개인의 재산을 걸고 하는 게 비즈니스이다. 병원도 마찬가지다. 의료 경쟁에 참여한 선수들은 치열하게 생존전략을 고민하고 상대방을 이길 궁리를 한다. 경쟁에서 이기려면 엉뚱한 생각부터 접어야 한다. 병원은 작은 투자로 큰 이익을 올리는 곳이 아니다.

투자나 관심은 두 가지에 모여야 한다. 첫째는 의료품질을 높여 대표 진료분야를 만드는 것이다. 둘째는 고객의 고충을 해결하고, 고객이 요구하기 전에 그들의 니즈(needs)를 충족시키는 서비스를 제공하는 일이다. 이를 통해 환자가 병원을 찾게 만들어야 하고, 그렇게 하면 병원의 편의사업이 살아난다. 이뿐만이 아니다. 선순환의 트랙에 한번 들어서면 이를 통해 할 수 있는 연관비지니스는 얼마든지 창출할 수 있다.

의료분야에 집중하되, 만약 다른 분야에 투자하고 싶다면 의료관련 기술과 제품에 관심을 가지는 것이 좋다. 즉 그 병원의 전문분야에 부합하는 진료재료, 소모품, 의료기기 등을 기획하고 제작하는 식이다. 그렇게 하면 병원의 경영 다각화에 큰 도움이 될 수 있다.

## 준법경영은
## 선택이 아닌 필수

병원 운영과 관련된 비자금 조성의 통로 역할을 하는 게 리베이트다. 경영이 어려워진 일부 병원들은 리베이트뿐 아니라 현금 매출을 누락하여 비자금을 만들기도 한다. 이렇게 만든 비자금으로 의사들의 급여나 성과급을 현금으로 지급하는 등 비자금은 여러 용도로 쓰인다. 그런데 리베이트는 약사법 위반, 현금매출 누락과 원천징수 미이행은 조세포탈에 해당되고, 이에 대한 적발과 처벌이 강화되고 있다. 이런 사실이 발각되어 추징을 당하는 경우가 경영이 어려운 중소병원에서 흔히 일어난다.

D병원은 전국의 여러 병원과 이름을 공유하는 네트워크 형태의 전문병원이다. 빠른 속도로 성장하면서 의료계의 이목을 끌었지만 어느 순간 병원경영에 빨간불이 켜졌다. 리베이트 수수 사실이 드러나 막대한 과징금과 벌금을 물게 된 것이다. 누적적자가 큰 상황이라 자금경색이 왔다. 우선은 물품대금을 지연시켜 버텼지만 오래지 않아 급여를 체불할 수밖에 없었다. 구성원은 동요했고 병원이 망할 것이라는

소문이 퍼지면서 병원은 치명상을 입었다.

병원장의 일탈로 인해 병원이미지가 추락하여 병원이 내리막을 타는 경우도 적지 않다. 마약, 도박, 불륜, 대리수술 등에 연루되거나 사건사고에 부적절하게 대처하는 바람에 병원이 기울어지는 경우도 있다.

E병원은 창립자의 갑작스런 사망 후에 2세가 경영을 맡게 되었다. 의사도 아니고 병원에 관여하지도 않았던 2세 이사장은 의료를 너무 몰랐다. 그런데 그를 보좌하기 위해 영입한 행정원장도 의료에는 문외한이었다. 그 후 이상한 일들이 벌어졌다. 병원을 변모시킨다며 멀쩡한 병원을 갑자기 공사판으로 만들더니, 공사비를 시세보다 지나치게 높게 책정하는가 하면 공사기간도 하염없이 늘어났다. 병원 구성원들 사이에선 이사장이 '뒷돈'을 받은 것 아니냐는 말이 돌기 시작했다.

게다가 평소 이 병원의 이사장은 의사들의 진료행위에 대해 부적절하게 간섭하고 의료 전문성이 없으면서도 의사들이 도저히 납득할 수 없는 주장을 해 병원 구성원들의 불만을 사기도 했다. 그의 부당한 지시를 거부하거나 무리한 주장을 받아들이지 않으면 병원장도 교체하는 등 독불장군처럼 병원을 운영했다. 그러자 우수한 의사들이 먼저 떠나가기 시작하고 병원의 분위기는 뒤숭숭해졌다. 환자들이 줄어들더니 E병원은 급기야 재정위기를 맞고 말았다.

노자의 도덕경에 필작어세(必作於細)라는 말이 나온다. 모든 일은 작은 것에서부터 시작된다는 말이다. 병원에서 일어나는 탈세, 부당청구, 리베이트 등 불법 행위는 힘들게 쌓아온 병원의 명성을 한순간에 무너뜨릴 수 있다. 사소하게 보이는 불법 행위가 병원에 미치는 영향이 과거와는 달리 매우 치명적이다. 그렇기에 준법은 선택의 문제가 아니다.

여러 법규가 엄격하게 제·개정됐기 때문이기도 하지만, 정보시스템을 손쉽게 복원하는 기술로 증거를 확보하기 쉽고, 내부고발자를 보호하고 포상하는 제도가 발달하여 이제는 병원경영에 비밀이란 없다고 보면 된다. 병원이나 경영진에게 서운함을 가진 보직자나 직원들이 고소, 고발하는 경우도 적지 않다. 구성원이었던 사람이 제보하면, 구체적인 정황과 증거가 있기 때문에 대응하기가 매우 어렵다. 원칙에

입각한 경영으로 고발의 여지를 원천적으로 없애는 것이 최선의 방법이다.

## 경영진의 화합은 합의서에서부터

상속을 받은 형제 사이의 갈등이나 동업자 간의 분쟁은 병원에 혼돈을 불러온다. 겉으로는 잘 드러나지 않으나 사실 이런 일이 매우 흔하게 벌어진다. 처음에는 의사결정에 이견이 생기고 그러다 경영권 싸움으로 비화한다. 구성원을 서로 자기편으로 끌어들이기 위해 편을 가르고 소송도 마다하지 않는다. 상대방을 내쫓기 위해 대리수술, 과잉청구, 리베이트 수수, 1인 1개소 위반 등 불법행위를 고소, 고발한다. 병원은 과징금을 물게 되고 병원장은 형사처벌을 받거나 면허정지를 당하기도 한다.

이런 상황이 장기화되면서 경영진이나 가족들은 병원의 구성원에게 신뢰를 잃어버리게 된다. 지역사회에는 나쁜 소문이 퍼지고, 언론 보도로 병원 이미지는 추락하고, 병원 분위기는 어수선해진다. 이런 경우에 우수 의사의 이탈, 진료수익의 급감 등 위기의 징후는 어김없이 찾아온다. 주인 간 분쟁으로 인해 병원이 시끄러워지고 재정적으로 어려워지게 되면 구성원들은 생존하기 위해 다양한 시도를 한다.

우수 인력들은 거의 다 나간다. 남은 인력들은 자신들의 이해관계만 생각한다. 월급이 줄어들까, 혹시 퇴직금이 없어지지 않을까 염려하여 병원경영 개선이나 위기를 타개하려는 모든 시도에 냉소적이고 비판적이다. 구성원이나 노조는 병원을 살리기 위해 고통분담을 하자는 경영자의 제안을 '그렇게 하지 않아도 살 수 있다', '우리가 왜 그렇게 해야 하느냐'며 거부한다. 갈등이 증폭돼 파업으로 이어지고 의사와 간호사는 이탈한다. 그 결말은 뻔하다.

그러다 보니 병원이 망한 건 힘이 센 노조 때문이라는 말이 자주 나온다. 그러나 자세히 보면 이는 원인이 아니라 증상일 뿐이다. 경영자가 부도덕하고 불합리한 행동을 할 때 노조는 구성원에게 힘을 얻게 된다. 경영자가 건설 비리나 횡령 등 불법적으로 병원을 운영하거나, 구성원을 함부로 대하거나, 경영의 실패로 인해 급여가 체불되거나 고용의 불안이 생길 때 노조는 힘을 얻게 되는 것이다.

동업자 또는 상속 받은 가족 사이의 갈등은 서로에게 돌아가는 이익이 불공평하다는 생각에서 비롯되는 경우가 많다. 동업하기 전이나 상속을 받은 초기에 당사자 간에 합의서를 구체적으로 써야 한다. 이때를 놓치면 시간이 지날수록 합의의 가능성은 떨어진다.

합의서에는 병원의 운영원칙, 이사회의 구성과 역할 그리고 의사결정방식, 이사장과 병원장의 역할과 보상, 동업자의 권한과 보상방식, 동업자의 은퇴 후 예우방식, 동업자의 가족이 경영에 참여할 때의 절차, 합의를 어길 경우의 벌칙 등을 구체적으로 담아야 한다.

이사회에만 참여하는 동업자와, 이사회뿐만 아니라 경영이나 진료에도 직접 참여하는 동업자를 어떻게 차등적으로 보상할 것인지를 명확히 해야 한다. 경영이나 진료에 참여할 때 추가적으로 지불하는 보상결정방식과 병원에 목표보다 초과한 이익이 발생했을 때 이의 배분에 대한 원칙이 정교하게 설계되어야 한다.

동업자가 진료 행위를 조기에 그만둘 경우 퇴직금을 비롯하여 퇴직위로금 형식으로 몇 년에 걸쳐 얼마의 금액을 지불할지도 결정해야 한다. 일정한 연령이 넘으면 진료 행위에 대한 보상 금액을 줄여서 동업자가 진료를 오래해야 한다는 부담을 덜어줘야 한다.

이처럼 상속받은 가족이나 동업자들이 병원경영에 대한 권한과 보상 그리고 초과이익에 대한 배분방식 등을 합의서로 작성한 뒤 공증을 하고나면 갈등관계에서 협조적인 관계로 극적으로 전환되는 경향이 있다.

☑ 다음 물음에 답하면서 생각을 정리해봅시다. Yes는 10점 만점이라면 8,9,10점에 해당할 때 Yes, 그렇지 않을 때(1~7점) No라고 체크하세요.

우리병원은,

- 정책, 기술 등 환경변화에 신속히 대응한다 ☐ Yes ☐ No

- 진료분야의 진화방향이 계획되어 있다 ☐ Yes ☐ No

- 다른 병원과 차별되는 새로운 시도를 잘한다 ☐ Yes ☐ No

- 투자타당성을 검토할 때 전문성을 확보한다 ☐ Yes ☐ No

- 의료와 무관한 사업을 하지 않는다 ☐ Yes ☐ No

- 불법적이거나 반사회적 경영을 하지 않는다 ☐ Yes ☐ No

- 경영진 간 팀워크가 매우 좋다 ☐ Yes ☐ No

※ Yes가 5개 이상이면 매우 양호(A), 3·4개면 보통(B), 3개 미만이면 열악(C)한 상황

승자가 즐겨 쓰는 말은 '다시 한 번 해보자'이고,
패자가 즐겨 쓰는 말은 '해봐야 별 수 없다'이다.

「 탈무드 」

# 잘 나가는 중소병원의 특징

## 인구감소, 경쟁 심화는
## 모두에게 닥친 현실

"중소병원에는 미래가 없습니다. 인구는 줄어들고 주변에 병원은 많이 늘어납니다. 의료수가는 쥐꼬리만큼 올려주지만 최저임금 인상, 주 52시간 근무로 인건비는 급격하게 올라갑니다. 게다가 간호간병서비스, 간호등급제로 간호사는 구하기 어렵고, 병상간격 넓히기, 수술방 요건 강화, 스프링클러 설치 등 시설요건 강화로 투자는 계속되어야 하는데 이런 상황에서 무슨 흑자를 낼 수 있습니까?" 중소병원의 이사장, 병원장은 물론 모든 보직자들은 입을 맞춘 듯이 병원경영의 어려움을 호소한다.

이에 "그런 열악한 환경변화는 모든 병원에 같이 적용됩니다. 그럼에도 흑자를 내는 병원도 꽤 있습니다. 정부가 모든 병원을 망하게 할 수는 없습니다. 그래서 최소한 평균적인 병원보다 잘하면 생존할 수 있습니다."라고 대답하곤 한다. 환경 탓할 시간에 병원의 전략과 역량을 돌아보자는 취지에서다.

병원의 위기를 피부로 느끼게 되는 것은 환자수가 급감할 때다. 많은 병원장들은 환자가 감소하면 과잉경쟁이나 인구감소를 원인으로 생각한다. 현상적으로 맞는 말이다. 우리나라의 인구성장률은 정체되었다. 게다가 수도권 쏠림현상으로 인해 지방의 도시들은 인구가 줄고 있다. 여기에 더해 장기적인 경기불황에도 불구하고 병의원의 수는 꾸준히 늘고 있다.

대학병원으로 환자가 몰릴 수밖에 없는 환경변화도 중소병원에겐 아픈 대목이다. 우리나라는 국토 면적의 16.6%에 불과한 도시에 인구의 90%가 살고, 도로와 철도의 보급은 매우 잘된 편이다. 전국 어디에서나 30분 내에 고속도로에 접근할 수 있으며 KTX, SRT 등 고속철도 노선의 개설로 전국이 반나절 생활권이 된 지 오래다. 교통이 불편해서 대학병원에 가기 힘들다는 것은 이미 먼 옛날얘기다.

지역 주민들은 거리가 멀어도 명성 있는 대형병원을 선호한다. 병원의 위치에 크게 구애받지 않고 잘 고치고, 잘 낫게 하는 병원을 선택하는 것이다. 그래서 입지 여건이 정말 좋은 지역에 위치하여 꽤 오랜 기간 잘 운영되었던 중소병원들도 경영상황이 악화되는 경우가 실제로 많다.

그렇다고 해서 모든 중소병원이 어려워진 것은 아니다. 악화되는 환경은 유사해도 병원의 경영역량에 따라 경영성과는 매우 다르다. 어떤 중소병원은 15%~26%의 이익률을 내고 있다. 특히 병상규모별 이익률 상위 30%와 평균이익률 수준을 살펴보면, 병상규모가 클수록 이익률이 높은 경향이 있다(그림 2). 그리고 300병상 미만 중소병원 중에서는 전문병원의 이익률이 상대적으로 높았다.

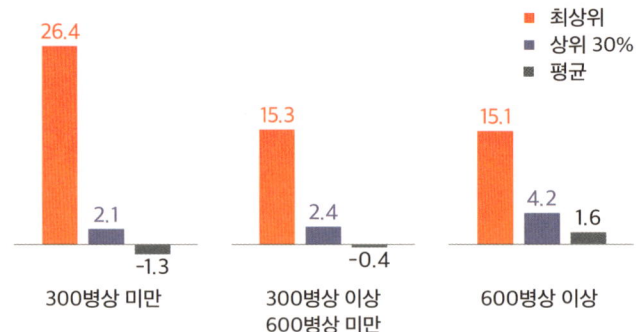

[그림 2] 병상규모별 이익률 (%)[3]

### 극복하지 못할
### 역경은 없다

입지나 경쟁의 정도가 중소병원의 사활을 결정하는 절대 요인은 아니다. 아래 두 사례가 말해준다. 두 병원 모두 어려운 상황에 처했지만 경영의 기본원칙을 준수하고 발상의 전환을 통해 수립한 전략으로 높은 성과를 낼 수 있었다.

**1. 노령화를 대비한 전문화**

인구가 줄어드는 농촌지역에 있는 '나홀로 종합병원'을 보자. 환자는 지속적으로 줄고 적자 폭은 늘어만 갔다. 병원의 존립이 어려운 지경이었다. 그런데 이 지역의 전체 인구는 감소하지만 노인인구는 늘어나 정형외과를 비롯한 노인성 질환에 대한 수요가 많았다. 서울의 명의를 불러 함께 수술을 하고, 노인성 질환과 관련된 의료진을 보강하여 진료역량을 강화하였다. 진료서비스 절차를 정비하고 진료 후 사후관리에 각별히 신경을 썼다. 진료성과가 좋아지고 환자만족도가 높아지자 소개 환자가 늘어났고, 입소문을 타고 정형외과 환자들이 몰려들기 시작했다.

정형외과가 자리를 잡으니 노인성 질환을 다루는 진료과목들이 덩달아 수익이 오르게 되었다. 한번 선순환 구조가 잡히니 그 이후부터는 한결 수월했다. 환자들이 인근 도시 병원으로 빠져나가는 게 아니라 이제는 거꾸로 인근 도시에서 수술을 받기 위해 찾아오고 있다.

**2. 정직한 진료로 승부한 전문병원**

대도시에 있는 '다급한 전문병원'은 주변에 2개의 경쟁병원이 있었고, 1년 사이에 무려 3개의 네트워크 전문병원이 추가로 개원하였다. 일반적으로 진료권 내에 3개의 경쟁병원이 동시에 생기면 매출이 최소 30% 이상 순식간에 떨어지게 된다. 수익이 1년 내 회복되지 않으면 하락된 수익구조는 고착되어 생존이 거의 불가하게 된다. 경영진은 이 상황에서 살아남으려면 가급적 수술을 많이 하고, 신중한 진료보다는 다소 공격적인 진료가 필요하다는 생각을 했다.

하지만 경쟁이 심한 지역일수록 환자는 '과잉진료'를 더 경계하기 마련이다. 그래서 저자는 오히려 반대 전략을 제시했다. 두 사람의 의사가 동의해야만 수술하는 제도를 도입하고, 컨퍼런스를 강화하여 환자 중심의 진료패턴을 모색했다. 환자에게 비수술 치료를 우선하는 원칙과 치료 과정을 자세히 설명하도록 했다.

얼마 지나지 않아 병원의 직원들이 부모형제를 모셔오기 시작했다. 전략이 직원들에게 먹혀들어 간 것이다. 때마침 과잉진료에 대한 TV고발 프로그램들이 연이어 방송을 탔다. 적정 진료의 원칙을 안내문, 블로그, 책자, SNS를 통해 꾸준히 홍보해온 이 병원에 대한 신뢰는 더욱 높아졌다. 짧은 시간에 고객추천지수가 급상승하면서 경쟁병원을 현저한 차이로 따돌렸다. 지역에서 가장 양심적인 병원으로 소문나면서, 브랜드 있는 네트워크병원들이 감히 넘볼 수 없는 브랜드파워를 가지게 된 것이다.

만일 다급한 마음에 여기저기서 교통사고 나이롱환자를 받아오고 과잉진료를 거듭하며 의료진과 직원들을 몰아붙였다면 이 병원은 지금쯤 문을 닫았을지도 모른다. 의사들끼리 하는 말 중에 '오늘 내가 안 깐 무릎, 내일 누군가는 깐다'는 말이 있다. 하지만 환자들도 눈 뜨고 당하지는 않는다. 병원에 갈 때 나름대로 평판 체크를 하고 병원에 가서도 분위기를 살핀다. 만일 의사, 간호사 등 구성원의 말투와 행동에서 이익만을 앞세운다는 느낌을 받는다면 그 병원을 다시 찾을 가능성은 거의 없다.

위에서 소개한 종합병원과 전문병원 사례는 인구의 감소나 경쟁의 심화가 필연적으로 경영 적자를 초래하는 것이 아니라는 사실을 보여준다. 인구는 늘지 않지만 노인 인구 비중은 급속도로 증가하고 있다. 65세 이상 노인 1인당 평균진료비는 64세 이하 평균에 비해 약 3.8배가 되기 때문에 인구수가 정체되어도 고령화에 따라 진료비는 늘어난다는 점에 유의해야 한다. 경쟁병원이 주변에 많다는 것도 부정적인 요소만은 아니다. 2.5km 남짓 되는 서울 강남의 한 거리에는 16개의 관절척추병원들이 모여 있지만 대부분의 병원이 잘 되고 있다. 가구거리나 먹자골목의 수많은 가게가 경쟁하지만 오히려 홍보가 되어 더 많은 고객이 찾아드는 것과 마찬가지다.

'자세히 보아야 예쁘다'는 동시(童詩)가 있다. 그것처럼 한 꺼풀만 더 벗기고, 한 발만 더 내디디면 생존의 길이 보인다. 경쟁이 심할수록 특별히 잘하는 분야를 각인시키는 것은 훌

류한 전략이다. 앞서 예를 든 두 병원 역시 전문분야를 만들거나, 특정 분야에서 진료방식을 새롭게 함으로써 환자들의 신뢰를 이끌어냈다.

## 잘 나가는 중소병원의 특징

중소병원이 어렵다고 하지만, 모두 어려운 것은 아니다. 오히려 상위 10%의 중소병원은 15% 이상의 의료이익을 포함하여 20% 이상의 순이익을 낸다. 이런 경우 감가상각비를 감안하면 약 25% 내외의 현금흐름이 생긴다. 그래서 병원의 시설개선은 물론이고 확장에 큰 부담을 느끼지 않는다. 이런 병원을 강소병원이라고 부르자. 기업 중에도 이 정도의 수익성을 낸다면 우량기업에 속한다. 초과수익을 내는 중소병원 중에는 아주 운이 좋은 경우가 있다. 주변에 대형병원이 없어 높은 이익을 올리다가 대형병원으로 성장했다. 그러자 경쟁력에 부담을 느껴 그 병원 주변에 다른 병원이 들어오지 않게 되어 사실상의 독점적 지위를 누리고 있다. 이런 경우는 아주 예외적인 상황이다.

운이 아니라 실력으로 잘 나가는 중소병원의 대부분은 5가지 요소가 다르다. **제1요소는 뭐니 뭐니 해도 경영자다.** 잘 되는 병원은 경영자가 남다르다. 병원에 대한 열정과 자신감이 많다. 새벽 일찍 나와서 청소를 하는 등 과할 정도로 부지런하다. 호기심이 많고 무엇이든 솔선수범한다. 해야 할 일이 있으면 급하게 불호령을 하는 경우가 많다. 그리고 의료정책 변화에 대해서 매우 민감하게 대응한다. 모 이사장은 많은 재산이 있음에도 불구하고 매우 청렴하여 소형차를 직접 몰고 다닌다. 매일 일찍 회진을 하며 환자들의 안부를 묻고 소통한다. 게다가 치밀하고 꼼꼼하여 의사결정을 잘하고 추진력이 강한 리더십을 가지고 있다. 경영자의 자세와 관련해서는 '6. 혁신의 시작은 나로부터'에서 자세히 다룬다.

**제2요소는 대학병원 못지않은 전문화된 진료영역이다.** 전문병원은 그 분야에서 진료수익이나 환자수, 수술건수 등에 있어 3등 안에 들면 당연히 초과이익을 낼 수 있다. 잘 나가는 종합병원들의 경우도 정형외과나 신경외과 등 최소한 한두 개 진료분야에서 실력을 인정받고 있다. 이 분야의 진료수익이 전체 진료수익의 30%에서 60% 사이를 차지한다.

진료수익 뿐만 아니라 의사수, 수술 건수 등에 있어 대학병원과 비교해도 결코 뒤떨어지지 않는다. 창립자가 그 분야 명의인 경우가 대부분이지만 예외적으로 인력영입을 통해서 특정 분야의 전문성을 확보한 경우도 있다.

<u>제3요소는 경영의 투명성이다.</u> 아직도 중소병원은 친인척이 구매와 자금을 담당하는 경우가 많다. 믿을 수 있기 때문이라고 한다. 하지만 친인척이라고 해서 무조건 믿을 수 있는 건 아니다. 설혹 믿을 수 있다고 해도 투명성과 전문성을 포기하는 것은 매우 위험한 일이다. 잘 나가는 병원들은 각종 구매를 규정에 따라 시행함으로써 리베이트를 받지 않고 그 대가가 병원의 비용절감으로 이어질 수 있도록 한다. 약, 소모품 등 구매를 통해 지불되는 비용이 전체 비용의 약 30%를 차지하기 때문에 이를 효율화하면 막대한 비용이 절감된다. 또한 장비를 구매할 때도 사전에 정보를 취합하고 효과적인 입찰방식을 택하는 등 노하우를 가지고 있다. 투명성과 전문성을 포기함으로써 잃게 되는 이익은 불안하게 유지하면서 얻는 리베이트 수입 규모를 뛰어넘는다.

잘 나가는 병원들은 인력을 채용할 때도 지인이나 친인척

등 임의로 채용하지 않고 리크루트 전문기관을 활용하거나 공개채용방식을 택한다. 친척이기 때문에 믿을 수 있다고 채용한다면 친척이 아닌 직원은 믿을 수 없다는 시그널이 된다. 구성원들의 자발성과 주인의식을 불러내기 위해서는 공정한 절차를 거치지 않는 친인척의 채용은 절제되어야 한다.

제4요소는 탁월한 윙맨(Wingman)이다. 잘나가는 중소병원의 이사장 옆에는 아주 믿음직한 윙맨이 있다. 이들은 이사장의 스타일을 잘 알기에 심기를 잘 살펴서 보좌하여 업무적 스트레스를 덜어준다. 특히 이사장의 부족한 부분을 자신이 커버해 이사장의 단점이 드러나지 않게 한다. 어떤 사람은 부동산에 매우 조예가 깊고 어떤 사람은 재무와 회계에 매우 밝으며 어떤 이는 관공서를 비롯한 대외관계에 능한 사람이다. 이들은 이사장이 자신의 공을 충분히 인정해 주지 않는 것에 대해서 불만이 있기도 하지만, 기본적으로는 이사장을 매우 신뢰한다.

제5요소는 밝은 조직 분위기이다. 잘 나가는 중소병원은 뒷담화가 적고 웃음소리가 많다. 구성원 간에도 인사를 잘 하지만 모르는 사람을 보아도 밝게 인사하는 습관이 있다. 복장이 깨끗하고 발걸음이 빠르다. 자신이 근무하는 병원에 자부심이 가득하다. 매사에 불만이 적고 긍정적인 표현을 많이 한다. 무엇을 제안하면 좋은 생각이라며 '일단 한번 해보자'고 한다. 이런 조직문화는 하루아침에 생기지 않는다. 이사장의 바른 철학, 구성원에 대한 애정, 원칙을 준수하는 업무태도 그리고 투명한 경영시스템과 탁월한 성과를 낸 경험 등이 함께 어우러져 건강한 조직문화를 형성하게 된다.

지금 국내에서는 대학병원에 유리한 의료정책이 펼쳐지고 있다. 하지만 대학병원이라고 해서 다 이익을 내는 것도 아니고 이익률이 비슷한 것도 아니다. 마찬가지로 중소병원에 불리한 정책이 펼쳐지고 있다고 해서 중소병원 모두가 적자를 내는 것도 아니다. 이런 상황에서도 강소병원들은 우량기업 못지않은 이익을 내면서 성장하고 있다. 게다가 부도 직전과 같은 극한 위기에 처한 병원도 과감한 전략을 신속히 실행하여 기사회생하는 경우도 적지 않다. 환경을 탓하기보다는 환경의 변화를 기회로 만드는데 역량을 집중하는 것이 중요하다는 것을 말해준다.

## 다병원체제로
## 규모의 약점을 극복해야

중소병원의 가장 큰 약점이 규모의 경제를 활용하기 어렵다는 것이다. 환자수가 적고 병상수가 적어도 기본적인 장비와 시설은 다 갖추어야 한다. 고정적인 투자는 비슷한데 의료수익이 적기 때문에 실질적으로 대학병원보다 더 많은 비용이 들어가는 셈이다. MRI의 가동률이 낮은 병원은 높은 병원보다 사실상 건당 단가가 올라가는 것과 같은 이치다. 대형병원들의 의료이익률이 중소병원보다 현저히 높은 것은 규모의 경제가 주요한 요인으로 작용하기 때문이다.

규모의 약점을 궁극적으로 타개할 수 있는 방법은 두 가지다. 하나는, 규모의 경제를 달성하기 위해 병원 규모를 꾸준히 키우는 것이다. 이는 그동안 국내 사립대병원들이 해왔던 방식이다.

또 다른 방법은 다병원체제(Multi-hospital System) 구축이다. 예컨대 400병상 정도의 병원이 잘 운영되면 다른 병원을 인수하거나 별도 병원을 설립하는 것이다. 이 전략의 핵심은 항공모함과 굳이 경쟁하기보다 다수의 재빠른 고속정 체제를 형성하는 데 있다. 다병원체제는 대외적으로 브랜드 인지도를 쌓을 수 있고, 정보화나 구매 등 공유서비스(Shared Service)의 물량 확보에서 협상력(Bargain Power)을 키울 수 있다. 의사나 간호사, 보건기사 등 인력수급과 운영에서도 유리하고, 마케팅, 교육, 정보화 등 다양한 분야에서 효율성과 전문성을 높일 수 있다.

다병원체제는 네트워크병원과 복합병원그룹으로 구분될 수 있다. 네트워크병원은 1인 1개소의 문제로 병원별 소유권이 달라질 수밖에 없어 규모의 약점을 커버하는 데 한계가 많다. 공동마케팅, 공동구매 등을 할 수 있지만 그 효과가 크지 않다.

복합병원그룹에는 여러 개의 병원이 존재하는데, 그룹에 따라 내부 병원 간의 연계정도는 매우 다르다. 복합병원 그룹은 가급적 <u>급성기병원 - 회복기재활병원 - 만성기요양병원 등으로 역할을 분담하여 환자를 연속적으로 케어하는 서비스체계를 구축하는 것이 좋다</u>. 급성기 이외의 회복기나 만성기 요양의료는 인건비나 유연성의 차원에서 중소병원이 대학병원보다 더 경쟁력을 갖출 수 있는 영역이다. 중소병원들이 모인 복합병원그룹은 총 병상수나 인력수가 대학병원보다 큰 경우도 있다. 의료원 체제를 도입하고, 전문성과 효율성을 제고하기 위해 기획과 지원인력을 집중하는 것이 특징이다. 다병원의 공통된 업무를 수행하는 회사를 만들어 수익사업도 하고, 새로운 사업기회를 탐색하고 포착할 수 있다.

### 환자가 선택할 이유를 증명해야

좁은 지역 내에 대학병원과 많은 중소병원이 들어선 상황에서 대학병원들이 중소병원에 자신의 환자를 선심 쓰듯 내어 줄 이유가 없다. 그렇다면 정부는 경증질환을 앓는 환자는 중소병원을 선택할 수 있도록 중소병원과 대학병원과의 진료비 격차를 크게 해야 한다. 그렇게 해야 환자가 중소병원을 선택할 수 있다.

그러나 정부는 보장성강화를 명분으로 오히려 대학병원의 진료비를 낮추어 가격의 격차를 줄어들게 하였다. 중소병원과 대학병원의 진료비를 비슷하게 만든 것은 환자더러 중소병원 대신 대학병원에 가라고 정부가 부추기는 것과 다름없다.

이런 열악한 환경은 중소병원 경영자에게 동급 병원과의 경쟁은 물론 대학병원과의 경쟁에서도 선택받을 이유가 있음을 증명해야 하는 숙제를 안겼다. 상황이 이런데도 중소병원의 경영자가 자기 지역의 환자들이 대학병원을 찾는 것을 당연하게 여긴다면 그 병원에겐 미래가 없다고 봐야 한다. <u>'환자가 왜 우리병원을 선택해야 하는지'에 대한 물음을 던지고 이를 타개할 해법을 찾아내야 한다.</u>

중소병원이든 대형병원이든 잘 나가는 비(非)대학병원의 특징은 대학병원보다 환자들을 더 잘 치료할 수 있다는 자부심이 있다는 점이다. 실제 현실이 그렇다. 대학병원이냐 아니냐, 병상 규모가 얼마나 되느냐를 기준으로 의료품질을 판단하는 것은 시대착오적인 사고이다.

전문병원에서는 이미 내시경 수술이 대세가 되었는데도 대학병원에서는 여전히 전통적인 수술을 하고 있는 경우가 적지 않다. 또 병원 전체의 의사수는 대학병원이 많지만, 전문화된 진료과의 의사수는 대학병원보다 더 많은 중소병원도 많다. 대표적인 사례가 전문의 수가 대학병원 중 가장 큰 정형외과보다 더 많은 세명기독병원의 정형성형병원이다.

중소병원에도 연구와 교육에 탁월한 의사들이 이미 많다. 특히 명성 있는 전문병원들은 내외부의 교육은 물론 연구에서도 많은 성과를 내고 있다. 이는 그저 대학병원을 따라 하는 차원이 아니라 병원의 의료품질을 높이고, 높아진 의료품질을 제대로 알리기 위한 중소병원의 독자적인 노력의 결실이다. 그 결과 몇몇 진료영역에서는 대학병원과 어깨를 나란히 하는 성공적인 중소병원들이 탄생했다.

앞으로는 대학병원을 능가하는 의료품질을 확보하고 고령화가 열어젖힌 새로운 시장에서 기민하게 기회포착 역량을 발휘해야 한다. 그리하여 다른 병원이 생각지 못한 남다른 수익 모델을 창출하는 것이 도전적 환경에 맞서는 중소병원의 응전 방식이 될 것이다.

☑ 다음 물음에 답하면서 생각을 정리해봅시다. Yes는 10점 만점이라면 8,9,10점에 해당할 때 Yes, 그렇지 않을 때(1~7점) No라고 체크하세요.

우리병원은,

- 진료권의 환자가 급격히 늘어나고 있다 ☐ Yes ☐ No

- 전반적인 경영과정이 매우 투명하다 ☐ Yes ☐ No

- 경영자가 구성원으로부터 존경을 받는다 ☐ Yes ☐ No

- 훌륭한 보직자가 많다 ☐ Yes ☐ No

- 병원의 조직분위기가 매우 밝은 편이다 ☐ Yes ☐ No

- 규모의 경제를 실현할 방법이 있다 ☐ Yes ☐ No

- 환자가 선택해야 하는 이유가 있다 ☐ Yes ☐ No

※ Yes가 5개 이상이면 매우 양호(A), 3·4개면 보통(B), 3개 미만이면 열악(C)한 상황

인간을 바꾸는 방법은 3가지뿐이다.

시간을 달리 쓰는 것,

사는 곳을 바꾸는것,

새로운 사람을 사귀는 것.

이 3가지 방법이 아니면 인간은 바뀌지 않는다.

'새로운 결심을 하는 것'은 가장 무의미한 행위다.

「 오마에 겐이치 – 난문쾌답 中 」

# 6

## 혁신의 시작은 나로부터

## 병원의 중증도(重症度)를
## 판단하는 제1의 기준

저자는 컨설팅을 시작하기 전에 그 병원의 '경영 중증도'부터 먼저 판단한다. 컨설팅이 성과를 낼 수 있는지, 어떤 컨설턴트가 적합할지, 저자의 투입시간을 얼마나 할지, 관여 방식은 어떻게 할지 등을 결정할 수 있기 때문이다. 병원도 사람과 같이 건강의 상태가 다르다. 어느 정도 건강한 상태라면 일반적인 방법에 따라 경영혁신을 하면 된다. 하지만, 병원이 이미 건강을 잃었을 때는 혁신방식과 강도가 완전히 달라야 한다. 사실상 죽은 것과 진배없어서 컨설팅을 할지 말지 망설인 경우도 있었다.

병원경영의 중증도를 판단하는 다섯 가지 항목이 있다. 첫째, 자신의 부족한 점을 다른 이를 통해 채울 수 있는 경영자의 판단력과 자세이다. 훌륭한 경영자도 단점은 있기 마련이다. 하지만 이를 인정하지 않고 보완하려는 의지가 없거나, 의지가 있어도 컨설팅 결과에 대한 수용도가 낮을수록 중증도는 높아진다. 둘째, 경영자의 결심을 좌절시킬 만큼 막강한 세력의 존재여부다. 대학병원의 경우에는 이사회, 교수평의회와 같은 세력이지만, 중소병원은 오히려 경영자의 부모인 창업자라든지 영향력이 큰 배우자 또는 노조 등인데, 이들로 인해 경영자의 결단이 수시로 번복된다. 그러면 경영 중증도가 높다. <u>셋째, 보직자들이 가진 병원에 대한 충성도와 역량수준이다.</u> 경영자를 보좌하는 인재의 능력이 떨어질수록 인품이 좋지 않을수록 그들 간의 팀워크가 나쁠수록 중증도는 높고, 특히 경영자에게 직언하는 보직자가 전혀 없을 때 중증도는 높아진다. <u>넷째, 혁신을 통해 성과를 낼 때까지 견딜 재무여력의 여부이다.</u> 대부분의 혁신은 어느 정도의 시간이 소요되는데, 극단적인 자금압박이 와서 병원의 일상적인 유지가 어려울수록 중증도는 높다. <u>다섯째는 동기부여가 되면 성과를 낼 수 있는 의사의 인원수다.</u> 새로운 제도를 도입하거나 좋은 근무 여건을 조성해도 성과를 높일 수 있는 우수 의사가 적을수록 중증도는 높다. 이처럼 부정적인 요소의 강도가 높을수록 회생을 시키기가 어렵다.

다섯 가지 중에서도 첫 번째 요소인 경영자의 판단력과 자세가 난이도에 가장 큰 영향을 미친다. 컨설팅이나 협력경영을 통해 만나는 경영자는 크게 네 가지 유형인데, 이에 따라 저자의 지원방식이나 관여정도, 유의사항이 달라질 뿐만 아니라 성과에 결정적인 영향을 미친다. 아래에서 그 네 가지 유형을 만나보자.

## 변덕형 경영자

이들은 결정을 쉽게 하고 자주 번복한다. 귀가 얇다, '팔랑귀'라는 소리를 많이 듣는 편이다. 대부분 경영경험이 적고, 경영을 상식으로 하면 된다고 생각한다. 그냥 주변의 의견을 잘 듣고 결정만 잘하면 된다는 식의 인식을 가지고 있다. 그렇기에 경영에 대해서 체계적으로 공부를 하거나 관심을 기울이지 않는다.

매사에 생각이 많고 조언을 구하기 좋아한다. 하지만 많은 사람의 말을 듣지만 누구의 말을 들어야 하는지 구분을 하지 못하는 경우가 많다. 조언을 들을 때도 논점을 정리하여 자신의 것으로 만들지 못한다. 자신의 의견을 표현할 때도 주변에서 들은 말들이 뒤죽박죽으로 섞여있다. 심지어 다른 사람이 자신에게 해준 말을 자신의 생각인 냥 그에게 다시 말하는 경우도 있다. 무엇보다 말이 빠르고, 보안의식이란 없다. 자신이 비밀이라고 해놓고는 자신이 먼저 다른 사람에게 퍼트린다. 직원으로부터 무슨 요청을 받으면 즉흥적으로 대답한다. 자신이 말해 놓고 기억도 못하거나 부정하는 경우도 적지 않다.

비싼 돈 들여 경영전문가들을 초빙했으면서도 그들을 만나 일반사람들에게 들은 이야기를 한참하곤 한다. 심지어 무당에게 점을 본 이야기도 한다. 경영전문가와 의논하여 결정한 뒤에도 주변 친구들의 말을 듣고 결정을 번복한다.

고대 중국의 명의였던 편작이 불치병으로 고생하던 진(秦)나라 무왕을 만나 그의 병을 치료해 주겠다고 했다. 편작이 치료 준비를 위하여 자리를 비운 사이, 왕의 측근들이 말했다. "임금님의 병환은 귀의 앞쪽과 눈의 아래에 있어 치료한다고 해서 반드시 낫는 것은 아닙니다. 오히려 귀가 안 들리고, 눈이 안보일 수가 있습니다." 편작이 돌아오자 무왕은 측근들의 말을 전하며 치료를 꺼리는 기색을 보였다. 편작이 화를 내며 석침(石針)을 던져 버리고 말했다. "임금님은 의술을 아는 사람과 상의하고 나서 의술을 모르는 사람의 말을 들어 치료를 망쳐버렸습니다. 만일 진나라의 정치를 이렇게 한다면 일거에 나라를 망칠 것입니다."

경영전문가와 논의하여 결정했다가 얼마 지나지 않아, 주변 사람의 말을 듣고 입장을 바꾸면 구성원들은 경영진만 불신하는 게 아니다. 경영진과 컨설팅회사와의 신뢰를 의심하게 된다. 컨설턴트가 부초(浮草) 위에서 힘을 써야 하는 상황이 되어 실행력이 현저히 떨어질 수밖에 없다.

그렇기에 의사결정을 번복하더라도 최소한 경영전문가와 다시 상의한 후에 결정해야 한다. 주변 사람들은 상식 수준에서 감(感)으로 조언을 하거나, 자신의 이해관계가 걸려 있어 전문가의 개입을 막으려는 경우도 있기 때문이다. 일반인은 대부분 자신이 가진 도구를 가지고 해법을 찾기 마련이다. 망치를 가진 사람은 두드려서 해결하려고 하고, 대패를 가진 사람은 깎아내려고 한다. 병원의 문제는 그리 간단하지 않다. 대부분의 문제는 복합적이기 때문에 오랜 경험과 다양한 수단을 가진 전문가의 의견을 따르는 게 성공률이 높다.

이런 스타일의 병원에서는 경영진에 대한 신뢰가 거의 없다. 경영자가 뭔가를 지시해도 다시 번복될지도 모른다는 생각에 구성원들은 실행에 착수하지 않고 한참을 기다린다. 그렇기 때문에 실행의 속도가 떨어지고, 의사결정이 번복되면서 성과를 거두기도 어렵다. 저자는 가급적 이런 분들과는 협력경영을 하지 않으려 한다. 협력의 파트너가 되기 어렵기 때문이다. 서로 협력해서 일하는 것 자체가 고달플 뿐만 아니라 협력경영의 보람을 느끼기가 원천적으로 어렵다.

### 햄릿형 경영자

병원에서 가장 많이 볼 수 있는 유형이다. 이들은 분명히 가야 할 길인데도 이런저런 이유로 결정을 미룬다. 좌고우면, 우유부단이라는 말로 대변된다. 과거의 업적을 말하기는 좋아하지만 미래에 대한 언급은 적다. 미래에 대한 전망도 대부분 비관적인 내용이다. 과도하게 신중하다. '돌다리도 두드리고 두드린다. 그리고 건너지 않는다. 그 다음날 또 두드린다. 이를 반복하다가 어느 날 두드리니 다리가 무너졌다. 그것 봐 다리가 위험했잖아.' 이런 식이다.

무엇이든 꼼꼼하게 해야 하고 완벽하지 않으면 잠을 잘 이루지 못한다. 그렇기에 대세에 지장이 없는 세세한 것조차 파악해야 한다. 치밀하고 꼼꼼함이 열정과 시간을 잡아먹고 그러다 보니 의사결정의 타이밍을 놓치곤 한다. 비로소 의사결정을 해도 그때는 이미 함께 일을 도모할 사람들의 열정은 사라지고 적기는 놓친 후다. 실행할 때에도 큰 줄기보다는 사소한데 얽매여서 실행의 진도가 더디다.

이들은 다른 의견이 있거나 마음에 걸리는 점이 있어도 속내를 말하지 않는다. 자신이 망설이는 이유를 솔직하게 의논하면 해결방법은 있다. 하지만 그것을 숨기고 다른 이유를 대기 때문에 생산적인 논의가 될 수 없고, 결정이 지연되거나 왜곡되는 결과를 초래한다. 인간관계에서 비난받는 것을 싫어해서 남들이 자신을 어떻게 생각하는지 민감하다. 자신에 대한 평가나 비판에 매우 예민하기에 속마음을 잘 드러내지 않는다. 이견이 있어 일단 논쟁이 되면, 나중에 논리적으로 이해가 되어도 자신의 뜻을 굽히지 않는다. 흔히 속이 좁고, 고집이 세다는 말을 많이 듣는다. 한마디로 같이 일하는 사람들이 매우 피곤하게 생각하는 유형이다.

경영은 타이밍의 예술이다. 아무리 준비를 잘해도 예기치 못한 변수가 생길 수 있고, 미래를 완벽하게 내다보기는 불가능하다. 최선을 다해 정보를 취합하여 어느 정도의 확신이 들면, 결정해야 한다. 새로운 영역을 개척하려면 그로 인해 들어가는 비용을 산정하고, 기대되는 수익을 추정하여야 한다. 비용산정은 비교적 정확하게 낼 수 있지만, 기대수익은 가정을 어떻게 하느냐에 따라 현저히 달라진다. 그럴 때 다른 병원의 평균을 활용한다든지, 최근에 성공한 병원의 예를 적용한다든지 다양한 방법을 활용한다.

그런데 계산기 두드리듯 기대수익 규모가 확실하게 제시되지 않으면 이를 이유로 의사결정을 하지 않는 경우가 적지 않다. 경영은 수학 문제를 풀듯이 정해진 답을 찾는 게 아니다. 축적된 자료와 경험, 비교 사례 등을 토대로 외부 환경 변화를 최대한 예측하고, 어느 정도의 불확실성을 전제로 로드맵을 그리고 시나리오별 대응 전략을 세워 일을 추진한다. 하지만 햄릿형 경영자는 확실한 답이 나올 때까지, 혹은 스스로에게 흔들리지 않는 확신이 생길 때까지 결정을 유보하다가 시간이 지나면 없었던 일로 만들어버린다.

이런 분을 만났을 때 저자는 다른 병원의 사례 등을 활용하여 확신을 가지도록 돕는데 주력한다. 자주 협의하여 허물없이 논의할 수 있는 분위기를 형성한다. 실행 전에 전략의 논리와 근거, 그리고 부작용 등에 대한 세부사안도 충분히 논의해야 한다. 혹시 발생할 수 있는 변수, 그에 대한 우려도 해소할 수 있는 대안도 준비하고 설명한다. 그리고 결정이 필요한 시점에는 타이밍을 놓치지 않도록 환기시키고 때로는 강력하게 주장하여 실행에 나서도록 돕는다. 햄릿형 경영자는 빠른 시일 내에 자신이 의심하고 회의했던 부분, 자신의 방식이나 자신의 역량으로 감당하기 어렵다고 생각한 부분에서 성과가 나는 것을 눈으로 확인시켜야 한다. 그래야만 추가적인 업무를 신속하게 진행할 수 있다.

## 돈키호테형 경영자

이들은 상황 판단력과 결단력이 좋은 편이다. 사교성이 매우 좋아 사회활동을 많이 하여 발도 넓다. 의사결정도 시원하게 한다. 마음이 너무 급하여 맘을 먹었으면 빨리 해치워야 직성이 풀리는 측면도 있다. 그러다 보니 추진과정이 거칠고, 서투르다. 똑같은 실수를 반복하는 경우가 적지 않다. 방향이 결정되면 실행은 온전히 자신의 몫이라고 생각하고 자신에게 익숙한 과거의 방식대로 해치워버린다. 그 결과 실행은 빨랐지만, 부작용이 발생하여 의도한 성과가 나오지 않는다. 이를 다시 바로 잡거나, 부작용을 커버하는 데 많은 대가를 지불해야 한다.

돈키호테형 경영자는 성격이 급하고, 자신감이 많은 것이 공통점이다. 자신이 경험이 많다는 생각에 경영전문가가 제안한 전략을 자의적으로 해석하고 실행한다. 누가 병원의 문제를 지적하거나 실행방식에 대한 이견을 말하면 자신을 비난하는 것으로 인식하기도 한다. 대범해 보이고 겉으로 표시를 잘 내려하지 않지만, 내심 잘 삐지는 경향이 있다.

병원의 발전전략들은 서로 연계되어 몇 개의 전략들을 하나의 패키지로 수행해야 한다. 대부분 원안대로 했지만 일부를 임의대로 고치면 고친만큼의 성과가 덜 나오는 것이 아니라 큰 폭의 차질이 발생하거나 전략의 실패를 초래할 수도 있다. 흔히 조삼모사(朝三暮四)라는 말은 부정적으로 사용된다. 아침에 세 개 주고 저녁에 네 개를 주는 것이나, 아침에 네 개 주고 저녁에 세 개 주는 것은 총량 측면에서는 동일하다. 그런데도 간사한 꾀로 남을 희롱할 때 이 말을 쓴다. 하지만 전략적 관점에서는 조삼모사의 의미가 매우 다르다. 무엇을 먼저 하느냐, 에너지를 어느 시점에 더 집중시키느냐는 것은 엄청나게 다른 결과를 빚어낸다. 전략의 순서, 과제의 배치를 바꾸면 일을 그르치는 경우가 많은 것은 이 때문이다.

돈키호테형 경영자들의 이런 실수를 방지하기 위해선 햄릿형과는 달리 의사결정의 타이밍을 늦추는 게 필요하다. 이런 분들에게는 시간을 넉넉하게 확보해서 전략의 세부적인 실행방식과 그 이유에 대해서 충분히 이해할 수 있도록 한다. 주요결정과 함께 실행에 있어서 경영자, 컨설팅회사, 병원 실무자 등의 역할분담을 구체적으로 나눔으로써, 즉흥적이거나 돌발적인 간섭을 최대한 배제시킨다. 특히 돈키호테형 경영자들의 약점 보완을 위해 전략 과제의 내용과 실행을 꼼꼼하게 챙길 수 있는 인재를 부원장, 기획실장, 행정부장 등으로 임명하거나 외부에서 영입하는 것을 고려해야 한다.

## 전략형 경영자

이런 분들은 만나기 쉽지 않다. 기본적으로 세상 사는 이치에 밝고 신의가 있으며 전문가의 지혜를 빌릴 줄 아는 최고의 경영자이다. 자신의 진료영역에서도 탁월한 성과를 낸 분들이 많고, 무엇보다도 삶, 경영, 의료에 있어 올바른 신념을 가지고 있다. 자신이 최고가 아니라고 생각하는 영역에서는 겸손한 자세를 유지한다. 풍부한 경험과 지식이 있지만 자신의 부족함을 채우기 위해 전문가의 말을 경청하고, 자신의 의견과 조화를 이룰 줄 안다.

노자가 지부지상(知不知上) 즉, '알지 못하는 것을 아는 것이 가장 훌륭하다'고 했듯이 자신이 모르는 것은 모른다고 해야 한다. 특히 병원이든 어느 조직이든 경영자가 모르면서 아는 체하면 조직에 폐해를 끼칠 수 있다. 그런데 전략형 경영자는 결코 그런 일이 없다. 아는 것도 다시 확인하기 위해서 묻기를 꺼리지 않는다. 그리고 파트너의 전문성과 공헌을 높게 평가하고 인정하는 데 인색하지 않다. 자신과 전문가의 생각이 다를 때 전문가의 제안을 기꺼이 수용하고 실행한다. 자신과 의견이 같을 때만 따른다면, 전문가를 제대로 활용하는 것이 아니라는 생각에서다.

전략적 판단을 할 때는 대범하게 결정하지만, 실행을 준비할 때는 전 과정의 장애요인을 극복할 노하우를 확보하려는 치밀함이 있다. 실행하면서 판단이 잘 서지 않을 때는 수시로 전략가의 지혜를 빌리고, 외부 전문가가 객관적인 입장에서 더 잘 할 수 있는 일은 과감히 위임하기도 한다. 결정은 담대하게, 실행은 정교하게 진행하는 식의 업무추진은 실수가 거의 없고 높은 성과가 나올 확률이 매우 높다.

이런 분들과 함께 경영하는 것은 '경영이 왜 예술인지를 체감할 수 있는 행복한 시간들'이다. 지혜와 신뢰가 엮여서 나오는 에너지가 얼마나 큰 역동성을 불러일으키는지를 경험할 수 있다. 목표가 뚜렷하고 팀워크가 탄탄할 때는 장애가 나타날수록 더욱더 큰 힘이 솟아나기도 한다. 이를 통해 이뤄낸 성과는 감동과 희열, 보람 그 자체다. 이런 맛에 경영을 하는 것이란 생각이 들게 된다. 이분들과 함께했던 시간은 그저 일을 같이하는 수준을 넘어 평생 잊히지 않을 정도로 행복한, 강렬한 추억으로 남아있다. 내일도 이런 분들을 만날 기대감에 마음이 설렌다.

## 병원은 병원장의 거울, 병원장이 먼저 바뀌어야

병원 로비의 분위기만 보아도 많은 것을 알 수 있다. 로비 안내원의 표정과 로비의 청결도, 쾌적성, 사인물, 인테리어 그리고 원무과 직원, 간호사의 말투, 복장 그리고 걸음걸이에서 병원의 관리수준과 구성원의 태도와 역량을 느낄 수 있다. 특정 시간대에 원무과 앞에 앉아있는 환자수나 대기환자의 번호를 보면 그 병원의 입원환자와 병상가동률도 짐작할 수 있다. 병원 옥상의 관리상황과 주변지역을 살핀 후 맨 위층부터 지하까지 둘러보면 병원에서 정보를 제공받지 않아도 병원의 경쟁력을 짐작할 수 있다. 서너 명의 병원 구성원과 대화하면 직감의 정확성은 더 높아진다.

이것보다 더 정확한 방법은 이사장이나 병원장과 면담하는 것인데 병원은 그들을 투영하는 거울이기 때문이다. 이사장과 병원장의 복장, 말투, 표정, 매너, 사고방식이 병원의 이곳저곳에 배여 있다. 병원장이 인상을 쓰고 말이 거칠거나, 병원장이 걱정만 하면서 현상유지적인 의사결정만 한다면, 직원들이 가지게 될 생각과 태도를 쉽게 상상할 수 있다.

일반적인 조직에서 아래로부터의 혁신은 성공확률이 그렇게 높지 않다. 위로부터의 혁신 즉, 병원장이 바뀌는 것이 가장 성공확률을 높인다. 중소병원 병원장의 영향력은 막강하다. 대학병원의 구성원들은 병원장이 마음에 들지 않으면 2, 3년 그냥 숨죽이고 있으면 된다고 생각한다. 실제로 병원장이 짧은 임기 중에 할 수 있는 일이 많지 않고, 이미 상당히 진행된 업무조차 병원장이 바뀌면 번복되기도 한다.

하지만 중소병원의 병원장은 오너인 경우가 대부분이고, 오너가 아니라도 오너의 신임을 받기만 하면 임기가 계속된다. 대학병원에 비해 리더십을 발휘하기에 좋은 여건이며, 구성원들에게 영향을 끼칠 수 있는 많은 권한을 가지고 있다. 그렇기에 중소병원 병원장의 변신 또는 자기혁신은 병원 전체에 즉각적인 파동을 일으킨다. 병원이 바뀌려면 병원장이 먼저 바뀌어야 하는 이유다.

저자가 만난 수많은 병원장들은 허울은 좋지만 몸과 마음은 병들어 있었다. 본인의 건강이나 취미는 항상 뒷전이고 오로지 병원의 업무가 모든 것이었다. 자신이 병원을 떠나면 병원이 큰일 난다고 생각해서 웬만큼 큰일이 아니면 병원

주위를 맴돈다. 만나는 사람도 한정되어 있다. 이런 병원장을 가족도, 병원 구성원도 좋아하거나 존경하지 않는다.

<u>환자와 병원 구성원이 건강하고 행복하길 바란다면 병원장이 먼저 건강하고 행복해야 한다. 병원장이 행복해지려면 담대한 꿈, 건강 그리고 친밀한 관계를 갖추어야 한다.</u> 병원장들을 만날 때 저자가 강력하게 권고하는 게 있다. 먼저 본인의 건강을 위해서 일주일에 8시간 이상, 친밀한 인간관계를 위해 일주일에 8시간 이상을 할애해야 한다. 헬스를 하든 달리기나 걷기를 하든 아니면 규칙적인 맨손체조이든 꾸준히 해야 한다.

그리고 가까운 사람, 의논할 사람과의 관계에 투자해야만 정신건강을 유지하는 것은 물론 의도하지 않은 도움을 받을 수도 있다. 이를 통해 얻게 될 건강과 기쁨은 거기에 투자한 돈과 시간으로 계량화하기 불가능할 정도로 소중한 것이다. 인생 최고의 수익률을 내는 투자라고 장담한다.

## 경영도 실력이 있어야 재미있다

경영은 재미있고 즐거운 것이라고 말하면, 동의할 병원장은 그리 많지 않을 것이다. 경영보다는 환자만 봤으면 좋겠다는 병원장들도 있다. 그런데 실상 비슷한 질환의 환자만 계속 보는 의사들 중 정말 즐거운 사람은 얼마나 될까. 하루 이틀도 아니고 매일 똑같은 문진을 하고, 비슷한 처방을 하면서 하루에 50명, 100명의 환자를 스캔하듯이 봐야하는 일이 과연 즐겁기만 할까.

의사 출신의 병원장이 '경영보다는 진료가 더 낫다'고 여기는 것은 자신이 경영보다 진료에 더 강점이 있다고 여기기 때문일 것이다. 사실 잘 모르는 분야에서 재미를 느끼기는 쉽지 않다. 의사나 병원장으로 성장하는 과정에서 경영을 제대로 배울 기회가 드문 게 현실이다.

우선 의과대학이나 수련과정에서는 경영을 배우지 않는다. 또 진료의 연속인 의사로서의 단순한 생활을 이어가는 동안 조직의 복잡한 생리를 체험하고 경영을 간접적으로도 경험할 기회도 거의 없다. 개원을 준비하는 과정에서 또는 개원 후 직원, 환자들과 씨름하며 비로소 경영에 대해 눈을 뜨고 경영자로서 조금씩 성장해 나간다. 병원이 커지면서 경영과 관련된 업무량과 강도 역시 대폭 높아지지만, 이를 따라잡기에 급급할 뿐 경영의 진면목을 제대로 배울 기회는 쉽게 찾아오지 않는다.

병원장의 시간 배분도 왜곡돼 있다. 자신이 해야 할 일과 하고 있는 일에 괴리가 크다는 것을 병원장들 스스로가 잘 알고 있다.

엘리오 설문에서 '병원장은 비전전략 제시와 의료진 확보에 가장 집중해야 한다'고 대부분(68%)이 응답하면서도 실제로 그 역할에 할애하는 시간은 전체 시간의 31%에 지나지 않았다. 오히려 '일상적인 의료와 관련된 일'이나 '재무관리' 등에 50% 이상의 시간을 투입한다고 답했다(설문 5).

병원장들은 대외관계 관리에 전체 시간의 3%는 투입해야 한다고 생각했는데, 실제로는 9%를 투입하고 있다고 응답했다. 이는 대외관계 관리는 하고 싶지 않은데 마지못해 한다는 인식을 반영하고 있다. 하지만 병원장의 핵심임무 중 하나가 대외관계 관리이다. 병원의 도약을 위해서는 정부나 지자체 그리고 지역 내 주요기관 리더와의 적극적인 우호관계 형성이 필요하다. 이는 병원의 중간관리자로서는 할 수 없는 영역이기 때문이다.

[ 설문 5 ] **병원장의 역할별 목표 투입시간과 실제 투입시간의 차이**[1]

| 목표 투입시간 | 역할 | 실제 투입시간 | 차이 |
|---|---|---|---|
| 39% | 비전과 전략 제시 | 13% | ▼26% |
| 29% | 의료진 확보 | 18% | ▼11% |
| 3% | 대외관리 | 9% | ▲6% |
| 12% | 의료품질 개선 | 34% | ▲22% |
| 5% | 재무 관리 | 15% | ▲10% |
| 12% | 기타 | 11% | ▼1% |

병원의 성장단계나 시스템의 수준에 따라 다르겠지만, 저자는 병원이 어느 정도 정상궤도에 올랐다면 비전과 전략

(30%), 대외관계관리(20%), 의료진 확보와 관리(20%), 시스템 고도화(20%), 기타(10%) 등으로 병원장의 시간을 배분하는 것이 바람직하다고 생각한다.

병원장들이 경영을 고달프게 여기는 건 이유가 있다. 하루하루를 때우기 바빠 경영을 공부할 엄두를 내지 못한다. 그 결과 병원은 커져도, 병원장의 경영실력은 제자리걸음을 한다. 매번 반복되는 지루한 협상과 사고처리에 골머리가 아프다. 무딘 날을 가지고 나무를 패면 손만 아플 뿐 나무는 쓰러지지 않는다. 그런 것처럼 경영을 제대로 배우지 않고 경영을 잘하려니 몸과 맘이 고달프고 성과가 나지 않는다. 경영이 재미가 있을 수 없다.

즐겨야 잘 할 수 있다고 하지만 오히려 그 반대가 설득력이 더 높다. 잘해야 즐거움도 따라오는 것이다. 상대방이 패스나 드리블 공을 쉽게 가로챌 정도의 실력이면 축구가 재미있을 수가 없다. 드리블도 잘하고, 슛도 잘해서 골을 많이 넣으면 재미가 없을 수가 없다.

무슨 일이든 재미를 붙이려면 실력 향상을 위해 땀을 흘려야 한다. 훌륭한 골퍼도 평소 꾸준히 레슨을 받지 않으면 필드에서 좋은 스코어를 내기가 어렵다. 오히려 이상한 습관만 배여서 나중에 고치려고 하면 더 많은 시간을 투자해야 한다. 훈련도 하지 않고 레슨도 받지 않은 병원장들이 경영의 필드에 나가서 경영은 재미가 있다고 하는 게 오히려 이상한 일이다.

경영을 잘하면 어떤 게임보다도 재미가 있다. 경영실력이 있으면 병원장처럼 좋은 직업도 없다. 자신이 반복적으로 해야 할 일은 잘 할 수 있는 사람을 육성해서 맡기고, 효과적으로 병원을 관리할 수 있는 정보시스템을 만들면 자신은 병원의 전략을 구상하고 대외관계에 집중할 수 있는 여력이 생긴다.

좋은 대외관계 형성은 병원경영에도 도움이 되지만 병원장 개인을 위해서도 중요하다. 저자는 훌륭한 분들과 시시때때로 교류할 수 있느냐가 성공적인 인생의 바로미터라고 생각한다. 따듯한 마음을 나누고 지식과 매너를 배우고 서로 존경할 수 있는 훌륭한 분들을 곁에 두고 교류하는 사람들이 성공한 것이다. 나이가 들어갈수록 자신이 만나는 사람들이 갖춘 인품의 총합이 커지면 성공한 인생이라 불러도 무리가 없다고 생각한다.

우리 사회에선 작은 병원이라도 병원장이라고 하면 대부분 존중해준다. 병원장이 마음을 내어 조금만 노력을 기울이면 소위 '높은 사람', '잘 나가는 사람'은 물론 '훌륭한 사람'을 많이 만날 수 있다.

경영자들은 대개 보통사람들보다 행복한 삶, 성공한 삶을 살 수 있는 충분한 여건을 갖춘 분들이다. 하지만 그것을 누리지 못하는 분들이 많다. 이제는 경제적 여유가 충분한데도 남에게 대접받는 것을 당연시해온 습관 때문에 적은 돈조차도 타인은 물론 자신에게 베푸는 데 인색하다.

또 인재를 육성하지 않고 시스템을 만들지 않는 바람에 굳이 자신이 하지 않아도 되는 일상의 숙제를 해치우느라 허덕인다. 경영자로서 누릴 지적 유희나 전략적 구상 그리고 멋진 관계를 누릴 수 있는 기회를 빼앗기고 있는 셈이다.

이런 분들을 지켜보면 안타깝기 그지없다. 지금부터라도 병원경영을 제대로 배우고 경영역량을 키워서 재미있는 경영, 스마트한 경영을 해보자. 병원장 자신과 가족, 병원 구성원과 환자 모두의 행복지수가 올라갈 것이다.

☑ 다음 물음에 답하면서 생각을 정리해봅시다. Yes는 10점 만점이라면 8,9,10점에 해당할 때 Yes, 그렇지 않을 때(1~7점) No라고 체크하세요.

우리병원은,

- 경영자의 결단을 가로막는 세력이 없다 ☐ Yes ☐ No

- 보직자의 충성도와 팀워크가 매우 좋다 ☐ Yes ☐ No

- 새로운 시도를 하기에 재무여력이 충분하다 ☐ Yes ☐ No

- 우수 의사가 많고 병원에 매우 협조적이다 ☐ Yes ☐ No

- 경영자가 솔선수범 하는 스타일이다 ☐ Yes ☐ No

- 경영자가 적절한 휴식시간을 확보한다 ☐ Yes ☐ No

- 경영자가 꾸준히 경영공부를 한다 ☐ Yes ☐ No

※ Yes가 5개 이상이면 매우 양호(A), 3·4개면 보통(B), 3개 미만이면 열악(C)한 상황

겸손은 사람을 머물게 하고,
칭찬은 사람을 가깝게 하고,
넓음은 사람을 따르게 하고,
깊음은 사람을 감동케 한다.

「 정약용 」

# 7
# 리더십을 확장하라

## 병원장에 따라
## 병원의 미래가 좌우

재무적으로 버틸 수 있는 기간이 짧은 경우는 병원을 회생시키기가 매우 어렵다. 그래도 해법은 있다. 병원의 체격은 물론 체질까지도 바꾸는 구체적인 방안을 마련하여 금융기관 차입금을 연장하거나 협력업체의 협조를 얻어 지불대금을 연기할 수도 있다. 보상체계를 잘 운영하면 우수한 의사들이 빠른 시일 내에 획기적인 성과를 내기도 한다. 하지만 경영자에게 치명적인 문제가 있는 경우는 백약이 무효다. 경영자를 교체하는 방법밖에 없다.

경영자가 판단력이 없고 매우 변덕스러워 전 구성원들의 신뢰가 완전히 무너져있다면 그 병원을 부활시키는 것은 거의 불가능에 가깝다. 어떤 병원을 살릴 수 있느냐 없느냐를 판단할 때도 가장 중심에 있는 것은 경영자이듯이, 병원이 잘 될 수 있느냐 여부에 대한 출발도 경영자에서 시작된다. 경영자가 어떤 입장, 어떤 의지, 어느 정도의 능력을 가지고 있는 지에 따라 병원의 미래가 적어도 절반은 결정된다. 다음과 같이 전혀 다른 처지에 있는 두 병원이 있다고 생각해보자.

### 1. 투자를 망설이는 이사장

J종합병원은 지역에서 첫 번째로 설립되어 오랜 동안 지역사회에서 잘 나갔던 병원이다. 이사장은 설립자의 아들이며 훌륭한 의사이다. 연세가 들면서 건강에 이런저런 문제가 생겨 병원을 물려주고 싶은데 자녀도 없다. 자신도 얼마나 병원을 경영할 수 있을지 모른다. 자신에게 문제가 생기면 경영에는 문외한인 부인이 이사장을 맡아야 하고, 병원장 후계자로 내심 생각하고 있는 사람은 고집이 센 데다 병원을 잘 꾸려갈지 미덥지 않다.

병원은 아직까지 잘 운영되고 있다. 부지를 무상으로 줄 테니까 병원을 추가로 설립하라는 제의도 자주 들어온다. 하지만 병원의 신설이나 증축을 검토할 여력이 없는 것은 물론 지금 운영하는 병원에 대한 작은 투자도 망설여진다.


### 2. 의욕적인 이사장

K병원의 이사장은 아버지에게서 병원을 물려받은 비의사 출신이다. 젊은 나이에 대기업 임원이 되었고 아직도 50세가 되지 않았지만 아버지가 불의의 사고를 당해 병원경영에

참여하게 됐다. 그는 존경하는 아버지의 혼이 담긴 병원을 더 발전시키고 자신의 능력을 보여주고 싶은 생각이다. 그는 의사들과 허물없이 잘 지냈다. 그리고 병원경영의 전문성을 쌓기 위해 최선을 다했고 장기적인 계획 하에 병원 주변의 땅을 꾸준히 매입하여 병원을 증축하고 있다.

위 사례처럼 병원장마다 병원을 대하는 기본적인 태도가 다르다. 병원이 자신의 모든 것인 양 혼신의 힘을 다하는 분도 있고, 일을 벌이는 것을 귀찮아하여 그냥 현상유지 정도의 관리만 하려는 분도 있다. 획기적인 도약을 꿈꾸며 성취욕이 가득한 분이 있는가 하면, 단기적인 수익만 좇는 분도 있다.

이 병원들이 어려운 환경에 직면한다면 어느 병원의 미래가 밝을 것인지, 도약의 기회가 동일하게 주어진다면 어느 병원이 기회를 잡을 것인지를 쉽게 짐작할 수 있다. 병원장의 스타일을 보면 그 병원의 분위기가 활발할지 침체돼 있을지 예상하는 것도 어렵지 않다. 개인의 성향에 따라 다를 수 있지만, 일반적으로 병원장이 나이가 많거나 경영에 대한 자신감이 떨어질 때, 또는 개인병원인데 의사인 자녀가 없을 때는 도전적인 시도를 하지 않으려는 경향이 있다.

## 전문경영인을
## 활용하라

경영상황이 매우 어려워지면 병원장의 머릿속이 매우 복잡해진다. 병원의 목표와 전략을 고민하는 수준을 넘어 병원을 계속 운영할지 말지를 고심하게 된다. <u>자신이 병원을 운영하는 것에 대한 근본적인 회의가 밀려올 때는 그것을 회피하지 말고 '도대체 왜 병원을 경영해야 하는지'를 스스로 납득하도록 끊임없이 물어야 한다.</u>

병원장이 바라는 병원의 미래상과 구체적인 목표가 없다면 일관된 의사결정을 할 수도 없고 구성원의 마음을 설레게 할 방법도 없다. 모든 것의 출발은 경영자가 바로서고 그가 병원에 대한 비전을 명확히 하는 데부터 시작된다.

병원장 개인의 특성과 사정에 따라 병원을 대하는 태도와 생각이 다를 수 있다. 하지만 분명한 것은 인생의 모든 것이 그러하듯, 언제까지나 내 것은 없다. 잠시 나를 거쳐서 지나갈 뿐이다. 우리는 모두 한 번 사는 인생의 과객(過客) 아닌가. <u>이사장(병원장)이란 자리는 선량한 관리자로서 병원을</u>

일시적으로 맡아서 신나게 경영하는 것이라고 생각하면 어떨까? 그리고 나보다 더 잘할 사람이 나타나면 홀가분하게 물려준다고 생각하면 어떨까? 그런 생각이 들기 전까지는 최선을 다해서 언제, 누구에게 물려주어도 자랑스러운 병원을 만드는 것을 목표로 하면 스트레스는 줄고 경영의 새로운 재미가 생길 것이다.

드물게 병원경영을 즐기는 병원장이 있다. 병원 경영자로서 스스로 잘한다고 답한 분은 23%인데(설문 6), 이들 가운데 극소수가 경영활동을 즐기는 분들이다. 이들에게는 공통된 특징이 있다. 에너지가 넘치고 숫자에 밝으며 대인관계가 매우 좋다. 복잡한 상황이 닥쳐도 마치 게임을 하듯이 의욕적으로 대처하며 극복한다.

[ 설문 6 ] 병원 경영자로서 본인을 평가한다면? (%)[1]

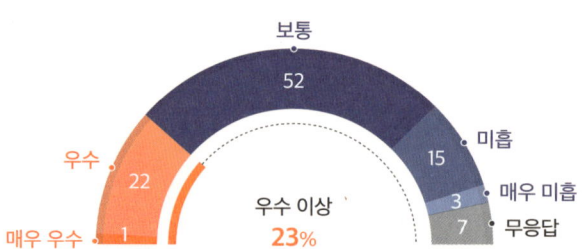

하지만 대부분의 경영자들은 그렇지 않다. 해결해야 할 난관에 부닥치면 '힘들다, 적성에 맞지 않는다, 경영하기 싫다'며 넌더리부터 내는 게 보통이다. 그런 말을 하는 병원장들도 구체적으로 보면 그 결이 조금씩 다르다.

첫 번째 타입은 경영에 매우 재능이 있는데도 '나는 의사가 천직'이라며 경영을 귀찮은 일로 치부한다. 수시로 "나는 천생 의사다. 환자를 볼 때가 제일 행복하다. 경영은 누가 알아서 하고 난 진료만 했으면 좋겠다."고 말한다.

두 번째 타입은 경영을 잘하고 싶은데, 뜻대로 잘 되지 않아서 괴로워한다. '나름 열심히 하는데 병원이 왜 안 되는지 모르겠다'며 한탄하기 일쑤다. 경영하느라 맘고생은 많이 하지만 병원에서 크고 작은 사건사고가 많이 터지고 병원의 미래도 잘 보이지 않는다. 이들은 실제로 경영에 소질이 없는 경우다.

세 번째 타입은 경영을 잘할 수 있는데 병원을 하는 목적을 상실한 경우이다. 대부분 연세가 좀 있는 이사장이나 병원장들인데, 이들은 자녀들도 다 키웠고 노후를 대비한 재력도 가지고 있다. 과거에는 경영상태가 좋았는데 이제는 끊임없이 밀려오는 숙제들이 버겁기만 하다. 별 욕심도 없는데, 복잡하게 머리를 쓰고 마음을 썩혀가면서 병원을 운영해야 할 이유를 찾지 못한다.

이렇게 경영에 취미가 없거나 자신이 없다면 경영을 할 수 있는 후계자를 육성했어야 한다. 그것도 아니라면 전문경영인의 영입을 시도해야 한다. 병원을 경영하는 것이 싫다면 이사장으로서 중요한 의사결정은 하되 상당부분은 전문경영인에게 위임하면 된다. 이런 시도가 성공하면 이사장은 시간을 확보할 수 있어 여유를 가지고 중요한 업무만 집중할 수 있다. 또한 이사장은 언제든 자유롭게 자신의 시간을 쓸 수 있다.

## 병원장직까지 내려놓을 용기가 있어야

병원장은 병원의 운명을 좌우한다. 필요한 타이밍에 내리는 결단이든 평소에 하는 행동이든 모두가 병원에 지대한 영향을 미친다. 재정이 어려워진 병원을 물려받아 2, 3년 만에 정상화시킨 병원장이 있는가 하면, 명성 있었던 병원을 3년 만에 망가뜨리는 병원장도 있다. <u>병원장이 되어 멋진 병원을 만들겠다는 꿈이 없거나 그럴 능력이 없다면, 일시적이라도 병원장 자리를 내려놓을 각오는 해야 한다. 그게 병원도 살리고, 자신도 살리는 길이다.</u>

정형외과 의사 세 명이 공동개원하여 성장한 D병원이 있다. 대규모 금융차입금을 빌려 병원을 증축했지만 환자가 늘지 않았다. 인근 종합병원이 정형외과를 키웠고, 전문병원들까지 늘어나 D병원의 경영수지가 지속적으로 악화되었다. 그런데 젊은 창립자들은 돌아가면서 병원장을 맡긴 했지만, 큰 병원을 운영한 경험이 없었다. 그들에겐 체계적인 경영교육을 받을 시간이 필요했다.

구글의 두 젊은 창업자는 에릭 슈미트라는 전문경영인에게 사장을 맡기고 자신들의 강점인 기술분야를 담당했다. D병원의 젊은 오너들 역시 개원경험이 많은 봉직의에게 병원장을 맡기고 자신들은 대표원장이란 이름을 내려놓았다. 다른 봉직의와 마찬가지로 원장이란 호칭을 사용했다. 의료법인은 아니지만 창립자들, 경영전문가, 병원장, 행정원장으로 구성한 이사회를 최고 의사결정기구로 설치했다. 병원장의 권리와 의무, 예우, 평가방식을 비롯하여 이사회 의결사항과 의결방식 등 이사회의 운영방식을 정했다. 이사회는 연간 예산과 결산 그리고 일정 금액 이상의 투자의사결정을 하고, 주요 경영활동을 병원장에게 위임했다.

병원장이 전반적인 의료진 통솔과 진료부문의 개선을 주도하고 대외협약과 주요 행사 등 외부적으로 병원의 대표 역할을 수행했다. 또한 간호, 원무, 심사, 기획 등의 주요 사안에 대한 실질적인 의사결정권을 행사했다. 구성원들은 처음에는 이런 파격에 대해 의구심이 많았지만, 시간이 지나자 진심으로 받아들이고 변화를 기대하기 시작했다. 각 부서의 리더십이 살아나고 병원의 시스템은 안정되어 갔다.

이런 조치 후 주변 병원과의 경쟁적인 상황이 더욱 심해졌음에도 D병원의 연매출이 10% 이상 성장했고, 전문질환의 수술이 늘어나 입원평균진료비는 1.8배 증가했다. 또한 지역 내 경쟁병원 중 고객추천의향(NPS)이 가장 높아지는 등 브랜드파워가 획기적으로 개선되었다. 이런 성과는 새로운 리더십이 전략의 신속성과 일관성을 확보했기에 가능했던 것이다. 봉직의 병원장이 5년 동안 경영하여 병원이 정상궤도에 올랐다. 지금은 오너 중 준비된 사람이 병원장을 맡아 성공적인 경영을 이어가고 있다. 오너는 때로는 병원장직도 내려놓을 용기를 가져야 한다.

### 내가 아니어도
### 더 잘 될 수 있다

창립자의 연령이 70세가 넘어선 대학병원이나 중소병원이 적지 않다. 창업자들은 2·3세의 승계 등 차기 경영구조를 염두에 두면서도, 구체적인 준비는 미루곤 한다. 하지만 <u>준비되지 않은 승계는 적지 않은 대가를 지불한다. 승계를 위한 준비는 빠를수록 좋다.</u>

후계자가 될 사람이 의사라면 그 병원에서 3년 이상 진료를 하며 상당 수준의 실적을 내고, 진료부장을 맡아 의료진 관리의 경험을 가져야 한다. 의사가 아닌 경우에는 나이나 경험에 따라 다르지만 팀장 정도의 직책으로 주요 업무를 담당하면서 5년 이상의 준비과정이 있어야 한다. 직원들과의 관계, 대외적인 평판, 담당분야의 성과 등을 감안해서 승계시기를 결정해야 한다.

졸속적인 승계 못지않게 너무 늦은 승계도 병원을 병들게 한다는 점을 염두에 둬야 한다. 후계자가 될 사람이 이사장에게 일일이 간섭받는 시간이 길어지면 나쁜 습관이 들 수 있다. 일이 잘되어도 자신감을 갖기 어렵고, 실패해도 책임감을 느끼게 못한다. 자신이 한 결정이 아니기 때문이다. 이런 상황이 지속되면 구성원 사이에 좋지 않은 평판이 형성된다. 승계를 받아도 리더십을 발휘하는 데 장애요인이 될 수 있다.

5인이 공동개원한 후 의료법인으로 전환하여 약 40년을 사이좋게 운영해온 E병원이 있다. 꾸준히 성장하며 오랫동안 대표적인 종합병원으로 지역민의 사랑을 받았다. 그러나 창업자들이 연세가 들어 경영에 전념하기도 어렵고, 변하는 환경에 제대로 대처하지 못하다 보니 병원의 위상은 물론 경영수지도 악화일로에 있었다. 이를 타개하기 위해 협력경영을 시작하게 되었다. 그런데 막상 새로운 제도를 도입해

병원 분위기를 쇄신하려하자 창업자들은 상상할 수 있는 모든 위험을 강조하며 과거의 경영 스타일을 고집했다. 이런 지루한 과정은 실행의 적기를 놓칠 뿐만 아니라 조직의 에너지를 고갈시키게 된다. 타이밍을 놓치면 성과도 지체되고 성과의 크기도 줄어든다는 게 저자의 경험칙이다.

병원이 위기 상황이라는 걸 인정하면서도 새로운 시도를 두려워하거나 과거 방식을 고집하는 경영진이라면 위기 타개의 답이 없다. 이때 효과적인 대안은 승계다. 다행히 E병원 창업자들도 연세가 들어감에 따라 세대교체에 대한 필요성은 느끼고 있었으나 마땅한 방안이 없어 미루던 참이었다. 창업자의 기여에 대한 보상과 예우, 후임 이사장과 병원장, 이양 시점 등 창업자 간의 이해관계가 다른 민감한 문제들이 산적해있었다. 하지만 창업자들의 자녀 중 훌륭한 인재들이 있어 승계의 대안을 만들 수 있었고 창업자들과의 개별 면담을 통해 승계를 위한 초안을 작성했다. 초안을 토대로 몇 차례의 논의를 거쳐 합의한 후 즉시 공증을 받았다.

진행과정에서 많은 우려들이 있었다. 이사장을 변경하면 은행에서 차입금을 환수할 것이다, 비의료인이 이사장이 되면 이미지가 좋지 않다, 병원장이 너무 젊다 등등이다. 이것이 기우라는 것을 확인하는 데 오랜 시간이 걸리지 않았다. 젊은 리더십은 신속한 의사결정, 헌신하는 자세로 의료진을 비롯한 구성원들의 화합을 이끌었다.

이는 대외적인 이미지 개선으로 연결돼 의사나 간호사의 수급에도 매우 긍정적인 영향을 끼쳤다. 의료진을 채용하기 어려워 고생했던 과거와 달리 지원자가 현저히 늘어났고, 심지어 원내 의료진들이 지인과 동기를 소개하는 사례가 늘어났다. 간호사 정규채용도 4배수 이상의 지원자가 몰렸다.

리더십교체 전보다 임상과 전문의 수는 1명만 늘었을 뿐인데 6개월이 지난 시점에 전년 대비 30% 이상의 성과를 내면서 사상 최고의 진료성과를 거두었다. 병원경영을 하면서 체력적으로 힘들어하던 설립자들은 자신의 삶을 즐기게 되어 매우 행복해하셨다. 더 일찍 세대교체를 하지 않은 것을 아쉬워했을 정도다.

## 리더십의 확장(Leadership Extension)이 최고의 경영시스템

오랫동안 한 자리에 머물면서 고정관념이나 매너리즘에 빠지지 않는 것은 대단히 힘든 일이다. 많은 경험이 축적되는 만큼 새로운 것이 들어올 여지가 줄어들기 마련이다. 새로운 시도보다는 과거 성공했던 방식이 익숙하고 마음이 편하다. 하지만, 병원의 밝은 미래를 원한다면 꾸준히 리더십을 확장하고 리더십의 교체나 승계를 준비해야 한다. 저자의 회사도 오래전부터 리더십의 확장을 준비해왔다. 15년에서 20년간 근무하면서 헌신과 성과를 보여준 인재들을 대표와 본부장으로 승진시키고 각자의 임무를 부여함으로써 역동성을 기대하고 있다.

탁월한 기업들은 대부분 승계프로그램(Succession Program)을 운영하고 있다. 누구나 예상하지 못한 다양한 사유로 자신의 업무를 수행하지 못하게 되는 상황이 생길 수 있기 때문이다. 주요 직급 이상은 자기가 없을 때 대신할 사람을 정해서 육성하는 것을 의무화하고 그 노력과 성과를 평가한다. 이는 경영의 안정성을 높일 뿐 아니라 리더십을 확장하는 것이다.

같이 일하는 임원의 능력을 비난만하는 최고경영자들이 적지 않다. 하지만 그들의 능력을 합한 것이 최고경영자의 능력이라는 점을 인식하고 그들을 적극적으로 육성해야 한다. 그래서 최고경영자는 자신의 리더십을 임원과 그 승계자로 확장해야 한다. 임원의 역량을 강화함과 동시에 그들을 도와주고 대체할 승계자가 있어야 건강한 조직이라 말할 수 있다. 이는 병원에서도 같이 적용되어야 할 경영원리이다.

☑ 다음 물음에 답하면서 생각을 정리해봅시다. Yes는 10점 만점이라면 8,9,10점에 해당할 때 Yes, 그렇지 않을 때(1~7점) No라고 체크하세요.

우리병원은,

- 경영자가 병원 투자에 매우 의욕적이다 ☐ Yes ☐ No

- 병원 내부에 병원장을 대신할 사람이 있다 ☐ Yes ☐ No

- 현 경영자의 승계계획이 설계되어 있다 ☐ Yes ☐ No

- 구성원은 후계자에 대한 믿음이 있다 ☐ Yes ☐ No

- 모든 보직에는 승계자가 육성되고 있다 ☐ Yes ☐ No

- 경영자는 보직자에게 위임을 잘한다 ☐ Yes ☐ No

- 주요 의사결정시 전문가를 잘 활용한다 ☐ Yes ☐ No

※ Yes가 5개 이상이면 매우 양호(A), 3·4개면 보통(B), 3개 미만이면 열악(C)한 상황

우리가 꿈을 포기하고 있음을 알 수 있는 첫 번째 징후는
우리가 이런 말을 내뱉기 시작할 때 나타납니다.
"지금은 내가 너무 바빠서…"

「 파울로 코엘료, 작가 」

8

# 미래를 보이게 하라

## 비전이 없는 자리에
## 돈이 침투해온다

이런 말씀을 하는 병원장이 늘고 있다. "의사들이 나가면서 많은 불만을 말하지만 사실은 다 '돈' 때문입니다. 급히 대체할 의사를 뽑으려면 더 높은 연봉으로 채용사이트에 올릴 수밖에 없어요. 그러면 그것을 보고 기존 의사들이 덩달아 연봉을 올려달라고 합니다. 매일 그 사이트만 보고 있는 것 같아요. 사실 의사들이 제일 관리하기 어렵지만, 간호사나 다른 직종도 관리하는 게 쉽지 않아요. 자기들이 할 일은 하지 않으면서 요구사항만 많습니다. 급여를 올려 달라, 사람을 더 뽑아 달라, 더 놀게 해 달라. 요즘 사람들은 직업의식도 없고 책임감도 없어요."

보통의 직장인은 자기하고 능력이나 처지가 다른데도 친구나 동료의 연봉, 복지 등 근로조건을 비교하며 불만을 터뜨린다. 경영진을 비난하며 상사나 동료에 대해 험담한다. 그러면서 소위 뒷담화를 하며 스트레스를 푼다고 한다. 일은 적게 하고 보상은 많이 받으려고 한다. 봉직의라고 다를 게 없다.

경영자는 이런 성향을 비난할 게 아니다. 인성이나 자질이 특별히 나쁜 사람들이 아니라 보통 직장인, 평범한 봉직의가 그렇게 한다고 생각해야 한다. 특별히 새롭고 신나는 일이 없을수록 다른 사람, 다른 병원과 비교하며 시간을 보내는 것이다. 이런 마음을 가져야 화가 나지 않고 불만투성이 구성원을 볼 때나 어떤 사건에 맞닥뜨릴 때 평정심을 유지할 수 있다.

병원에서도 의사들을 어떻게 대했는지 돌아볼 필요가 있다. 수익을 높이라고 요구하면서도 그들이 병원에 오래 근무하면 그냥 잘해주겠다는 말만 할 뿐 무엇을 어떻게 좋게 해줄 것인지 구체적으로 말해주지 않는다.

봉직의들도 병원이 우선적으로 잘 되어야만 연봉 상승이나 성과급 지급 약속이 지켜질 것이라는 점을 잘 알고 있다. 봉직의들이 당장의 연봉에만 매몰되는 등 근시안적 사고를 하지 않게 하려면 병원의 비전을 보여주어야 한다. 시간이 지날수록 병원이 비전에 맞춰 발전하고, 자신의 진료과와 자신의 역할이 커지며, 보상도 꾸준히 개선될 것이라는 생각이 들게 해야 한다.

경영자는 구성원들이 가진 관심의 초점을 전환해야 한다. 구성원의 시선이 과거와 현재에서 미래로, 돈을 넘어 보람과 성장으로 향해야 한다. 저자가 협력경영의 초기에 경영진단을 통해 비전을 수립하고 공감대를 형성하는 데 집중하는 것은 이런 이유에서다. 구성원들은 이 과정에서 병원의 미래와 자신의 역할에 대해 고민하게 된다. 그리고 병원을 통해서 자신의 성장을 꿈꾸고 성취할 수 있다는 믿음을 갖게 된다.

### 보상만큼이나
### 중요한 발전가능성과 자부심

새해가 되면 설레는 것은 작년과 다른 한 해가 펼쳐질 것이라는 기대감 때문이다. 이것은 경영자는 물론 구성원도 마찬가지다. 구성원들은 현재의 보상은 물론이고, 미래의 보상과 고용의 안정성에 대해 관심이 많다. 현재의 보상에 만족해도, 미래가 보이지 않는다면 그들은 불안해하고 다른 곳으로 눈을 돌리게 된다.

여러 중소병원 종사자들에게 '이직을 얼마나 자주 생각하느냐'고 물었더니 '늘 생각한다'가 14%, '자주 생각한다'가 27%로 나왔다. 두 가지 항목을 합하면 무려 41%에 이른다. 즉 10명 중 4명이 이직을 생각한다는 의미다. 대학병원 종사자의 이직 의사는 전체의 21%로 중소병원의 절반 수준이다(참고로 위 설문 문항의 응답 선택지는 앞의 두 가지와 '가끔 생각한다', '거의 생각하지 않는다', '전혀 생각하지 않는다' 등 5가지로 구성되어 있다). 중소병원의 경영자들은 이런 설문 결과를 알려주면 상당한 충격을 받는다. 나름대로 최선을 다해서 잘해주고 있다고 생각했는데 '이들은 왜 옮기려 할까, 우리병원에 문제가 많은 것일까' 하고 큰 걱정을 한다.

병원설문을 자주 해보지 않은 기관은 이 결과를 보고 매우 심각하다고 분석할 것이다. 일반적인 기업보다 훨씬 높은 게 사실이고, 절대적인 숫자로도 매우 높기 때문이다. 하지만 그런 해석은 오진(誤診)이다. 병원경영과 관련한 데이터는 피상적으로 볼 게 아니라 질적(質的) 분석이 필요하다. 설문 문항마다 유사 병원들의 평균과 비교하고 관련 문항의 결과와 연계하여 그 심각한 정도를 판단해야 한다.

더 들어가서 분석해보면, 직종별로도 상당한 차이가 있다. '늘 생각한다'와 '자주 생각한다'는 답변의 비중이 의사와 간호사는 매우 높고, 행정직과 보건직은 상대적으로 낮은 편으로 나온다. 이직이 용이한 직종일수록 높은 이직 성향을 보이는 건 당연하다. 상당수의 병원에서는 '이직을 하려는 이유가 무엇이냐'는 질문에 가장 높은 비중을 차지하는 답변은 '병원의 비전이 없어서'이다. 병원의 발전 가능성이 낮거나, 미래에도 병원에 큰 변화가 없을 것 같아서 비전이 있어 보이는 조직을 찾아가겠다는 것이다. 물론 급여가 현저히 낮은 병원에서는 '보상 수준이 낮아서'가 가장 많은 답변을 차지한다.

5년 후 병원 위상에 대한 전망을 물어보면 대부분의 중소병원에서는 하락할 것이라는 답변의 비중이 최소 60%를 넘는다. 심지어 생존이 불가능할 것이라는 답변이 30%를 넘는 병원도 있다. 이에 반해 상승할 것이라는 답변의 비중이 20%를 넘는 병원은 그리 많지 않다. 중소병원의 구성원들은 병원의 미래를 매우 비관적으로 느끼고 있는 것이다.

구성원들이 병원의 미래를 비관적으로 본다면 어떤 전략도 성공확률이 높지 않다. 그들은 새로운 시도를 쓸데없는 일로 여기고, 귀찮게 하면 나가겠다는 식으로 행동한다. 업무 떠넘기기와 알력 다툼, 상호 간에 험담이 난무한다. 이런 분위기에선 대규모 투자도 소용이 없다. 경영진이 구성원들보다 병원의 미래를 더 비관적으로 보는 경우도 적지 않다. 이 경우 경영이 개선될 가능성은 거의 없다고 해도 과언이 아니다. 전장에 나가기도 전에 패배를 예감하는 장수가 어떻게 전략을 치밀하게 짜고, 병사들을 독려하여 승리할 수 있겠는가.

적지 않은 중소병원에서 이런 말을 하는 직원들이 의외로 많다.

"나 같아도 우리병원은 안 온다."
"이 병원에서 일하는 것이 창피하다."
"이대로 가면 병원은 망할 거다."

<u>구성원의 다수가 이렇게 부정적인 전망을 한다면, 그것은 현실이 될 가능성이 높다. 역으로 병원에 대한 자부심이 높을 때 병원의 미래도 밝아진다.</u> 단순히 이익이 많이 나고,

환자가 많다고 해서 자부심이 높아지는 것은 아니다. 경영진이 편법을 많이 쓰거나 개인적인 이익만을 추구하고 구성원을 이익 창출의 수단으로만 본다면 결코 자부심은 생기지 않는다.

지금은 병원이 어려워도 미래의 비전이 명확하고 원칙을 지킨다면 구성원들은 자부심을 가질 수 있다. 예를 들면, 경영여건이 어려워도 주변 대학병원의 품질을 뛰어넘기 위해 병원이 최선을 다한다고 느낀다면 자부심의 중요한 원천이 될 수 있다. 실제로 이사장의 멋진 비전을 실천하려는 병원, 의사 간이나 구성원 간의 분위기가 좋은 병원에서는 구인이 어려운 지역이더라도 의사와 간호사를 손쉽게 구할 수 있었다.

잘 나가는 병원들은 특징이 있다. 구성원들이 병원에 근무하는 것을 자랑스러워하고, 동료와 함께 일하면서 배울 기회를 얻고 그것을 즐기는 것도 특징 가운데 하나다. 구성원들이 병원을 자랑스럽게 생각할 수 있는 원칙과 성과를 찾아내거나 만들고, 그것을 공유하며 확산하는 노력을 해야 한다.

## 경영자가 확신할 때만 길이 열린다

지방 어느 대형병원의 병원장으로부터 하소연을 들었다. "우리병원은 대학병원도 아니고, 지방에 있어서 서울 소재 대학병원의 경쟁 상대가 안 된다."고 했다. 그렇게 생각하는 이유도 댔다.

"봉직의들은 기본적으로 대학병원의 교수와 마인드가 다르다. 그들은 환자의 상태가 조금만 위험해 보이면 대학병원에 보내놓고, 병원이 안게 될 위험을 회피하게 했다며 자랑한다." "우리나라는 중앙집권적인 시절을 오래 겪어 서울 중심적 사고가 뿌리 깊다. 그래서 별 질환이 아닌데도 툭하면 서울의 대학병원으로 간다." 자신의 병원 봉직의는 한심해 보이고, 지방병원을 외면하는 환자들이 원망스럽다는 것이다.

그런데 알아보니 봉직의를 나무랄 일이 아니었다. 이 병원장은 대학병원보다 더 높은 의료 품질을 자신의 병원이 확보하겠다는 식의 비전을 제시한 적이 없다. 중증도를 관리하지도 않고 이를 높이기 위한 투자도 하지 않는다. 중증질환을 보다가 사고라도 생기면 큰일이 일어난 것처럼 행동하며 그 의사를 질책한다. 눈치 빠른 봉직의들은 병원장 입맛에 맞춰 행동했고, 환자들은 더 좋은 병원을 찾아간 것이다.

그래서 저자는 이렇게 물었다. "우리병원이 서울에 있는 중급 대학병원보다 의료의 질이나 서비스가 좋습니까?" 그랬더니 "어떻게 지방에 있는 병원이 더 좋을 수가 있겠습니까?"라는 반문이 돌아와 이렇게 답했다. "서울에 있는 최고 대학병원도 아닌 중급대학병원보다 우리병원이 미흡하다면, 환자가 좋은 병원을 찾아서 가는 것은 현명한 선택이지 않습니까? 합리적인 선택을 하는 환자를 원망할 일은 아닌 것 같습니다. 우리병원이 서울에 있는 어지간한 대학병원보다 좋은데도 환자들이 막연히 '서울 병원은 좋은 병원'이라며 찾아가야 병원장님의 말이 맞는 겁니다."

사실 대학병원도 아니면서 지방에 있는 병원이 서울의 대학병원과 경쟁해서 이기는 것은 매우 어려운 일임에 틀림없다. 그렇다고 포기하면 경쟁력은 더 추락한다. 어려워도 해야 하고, 어렵기 때문에 해볼 가치가 있다. 병원장이 먼저 그것을 충분히 해낼 수 있고, 자신이 앞장서겠다고 입장을 바꾸어야 한다. 스피노자는 이렇게 말했다. "(어떤 것을) 할 수 없다고 생각하는 것은 사실은 그것을 하기 싫다고 다짐하는 것이다. 그러므로 그것은 실행되지 않는다." <u>병원장이 할 수 없다고 하면 병원장의 말처럼 안 될 수밖에 없다. 기적이 일어날 수도 없고, 이길 확률은 제로다.</u> 설혹 병원장 말고 다른 구성원이 '우리는 할 수 있다'고 주장해도 그것은 별 의미가 없다. 그의 뜻은 병원장에게 받아들여지지 않을 것이기 때문이다.

성공의 여신은 어렵다고 툴툴거리는 사람이 아니라 역경에 맞서 준비하는 사람들의 편이라는 사실을 우리는 알고 있다. 병원장이 할 수 있다고 확신하는 순간, 성공가능성이 열리고 길을 간절히 찾게 된다. 그렇기에 병원장은 담대한 비전을 세우는 데 주저하지 말아야 한다.

대학병원과의 경쟁에서 이겨야 한다. 그럴 자신이 없다면 지역의 동급 병원 중에서라도 최고 병원을 목표로 해야 한다. 비록 전국구는 아니더라도 지역에서 1, 2등을 하면 장기적으로 생존에 위협을 받지는 않는다. 지역에서 1등의 위상을 확보할 수 있다면 우량기업에서도 내기 어려운 정도의 수익률을 낼 수도 있다. 병원장은 적어도 이 정도의 비전과 목표를 세우고 자신감 있게 추진해야 한다. 그래야 구성원들이 기대감을 가지고 행동을 바꾸게 된다.

## 비전수립은
## 인식을 바꾸는 최고의 방책

대다수의 중소병원은 당장 악화하는 재정상황에 대처하기 위해 고객을 유치하기 위한 홍보에 집중한다. 급한 불을 끄려면 환자부터 늘려야 한다는 생각에서다. 순서가 잘못됐다. 의사와 간호사가 자주 바뀌는 상황에서 어떤 홍보가 가능할까 생각해보라. 홍보보다 앞서 의료진부터 안정화시켜야 한다. 이를 위해서는 성과급을 비롯한 다양한 동기부여 방법과 함께 병원의 비전을 구체적이고 쉽게 알려서 병원 구성원 사이에서 공감대를 형성해야 한다.

비전은 미사여구의 집합체가 아니다. 비전은 의사결정의 지침이자 구성원들과 공감하는 미래의 목표이다. 경영진은 병원의 3년 후, 5년 후의 미래상을 눈에 보이듯이 분명하게 제시해야 한다. 그래야 구성원들의 창의성과 자발성이 싹을 틔울 수 있다. 엘리오의 설문에서 '병원의 미션과 비전을 잘 알고 있다'는 병원장은 44%, 구성원은 13%에 지나지 않는다. 게다가 '비전을 달성할 전략이 있느냐'는 질문에 구성원의 74%가 없다고 응답했는데, 이는 비전이 없거나 비전이 있더라도 실행방안이 없는 선언적인 문구 수준임을 가리킨다(설문 7).

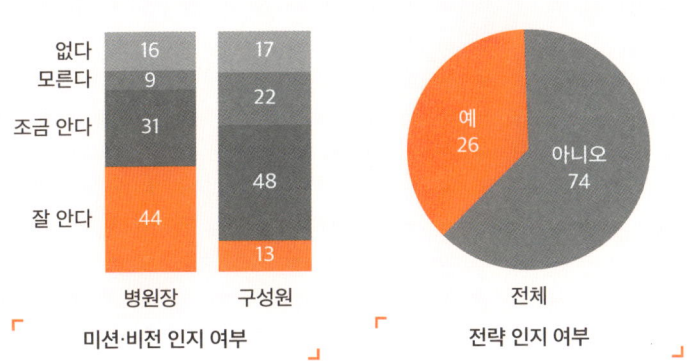

[설문 7] 우리병원의 미션과 비전, 이를 위한 전략을 알고계십니까? (%)[1, 4]

7년 동안의 병원 성장률이 급여수가의 인상률을 하회하거나 오히려 마이너스가 된 병원과 협력경영을 한 적이 있다.

구성원의 대부분이 수익성을 높이는 작업부터 할 것이라 기대했다. 하지만 우리는 구성원들의 병원 미래에 대한 전망을 바꾸고 미래를 함께 만드는 작업을 먼저 했다. 병원이 힘든 상황에 처해 있는데 높은 비전을 제시하면 대부분은 불가능하다는 반응을 보인다.

그렇다면 목표 수준을 낮게 제시하면 달성하기 쉬울까? 그렇지 않다. 실제로 쉽게 달성할 수 있어 보이는 목표를 제시해도 지레 움츠러들고 버거워하는 경우가 많다. 과거와 다른 방식의 도전적인 시도를 하는 대신 그저 평소보다 좀 더 열심히 하는 수준에서 그치다 보니 이런 현상이 벌어지는 것이다. 이런 문제점을 극복하려면 우선은 최고의 담대한 비전을 세우고 구성원들이 미래에 대한 꿈을 꿀 수 있도록 해야 한다.

중소병원의 비전과 전략 수립은 대학병원에 비해 시간이 그렇게 많이 걸리지 않는다. 주요보직자나 의료진 등의 인력이 상대적으로 적기 때문에 자주 논의할 수 있어 뜻을 모아가기 쉽다. 그래서 대부분의 중소병원에서는 전략을 수립해가는 과정에서부터 병원분위기가 좋아지고, 성과가 올라갈 수 있다.

병원의 비전을 수립하는 과정에서 병원장이 그간의 생각과 자세를 진지하게 돌아보고 새롭게 가다듬어야 한다. 병원장이 비전을 어떻게 세우느냐에 따라 병원, 구성원 그리고 환자를 바라보는 눈이 완전히 달라지기 때문이다.

### 비전추진단을 구성하고
### 미래를 함께 설계해야

비전은 경영진이 일방적으로 선언한다고 끝나는 게 아니다. 비전을 함께 만들고 공유하는 조직을 만들어야 한다. 이름은 비전추진단으로 하되, 허심탄회하게 토론하고 의논할 수 있는 멤버로 구성해야 한다.

병원장과 잘 소통할 수 있는 의사가 비전추진단장이 되고, 단원으로는 인원수가 많은 진료과의 의사와 직종별 대표를 참여시키는 것이 좋다. 규모가 큰 병원에서는 비전추진단 내에 의사직과 일반직으로 나눈 소위원회를 구성하여 운영의 묘를 살리는 것도 한 방법이다.

추진단장은 평소에 밝고 긍정적이며, 추진력이 있는 사람이어야 한다. 비전추진단의 실무팀은 기획담당부서가 맡아야 한다. 실무팀이 주도하여 경쟁병원과의 비교 자료를 만들고, 구성원과 고객 그리고 지역주민을 대상으로 병원에 대한 객관적인 평가 자료를 확보해야 한다.

병원 경영자나 구성원들은 흔히 자기 병원의 문제를 잘 알고 있다고 생각한다. 그런데 원인분석은 피상적이고 대안은 막연한 경우가 대부분이다. 피상적인 원인분석은 잘못된 결정을 초래하고, 막연한 대안은 적절한 실행을 저해한다. 처한 환경을 새로운 시각으로 점검하고 냉철한 분석을 통해 문제점과 장단점을 도출해야 한다. 이를 바탕으로 구성원의 뜻을 모아 담대한 비전을 설정해야 한다.

비전을 설정한 후 주요 지표별로 비전목표를 구체적으로 정해야 한다. 병원의 매출액, 입원과 외래 평균진료비, 중증도, 의사당 수익, 병상당 수익, 고객과 구성원의 추천지수(NPS, Net Promotion Score), 사회봉사활동의 환산액과 같은 지표가 활용될 수 있을 것이다. 비전을 세웠다면 이를 달성하기 위해 구체적으로 무슨 일을 해야 하는지를 모색해야 한다. 이를 전략이라 한다. 전략은 잘 나가는 다른 병원을 단순히 흉내 내는 것이 아니다. 고객이 다른 병원보다 우리병원을 선택하도록 하는 이유를 만드는 작업이다. 수립된 전략의 품질을 점검하는 법이 있다. <u>전략이 성공적으로 실행되었다고 가정할 때 비전이 달성되는지를 판단하는 것이다. 전략을 실행해도 목표를 달성할 수 없다면 그것은 유효한 전략이 아니기 때문이다.</u>

좋은 전략도 정교하게 실행돼야 의도한 성과를 낼 수 있다. 예를 들면, 전문화를 하려면 간판만 내거는 수준이 아니라 의료진 확충과 차별화된 프로세스를 통한 의료품질 확보, 환자 중심의 서비스 구축 그리고 차별점이 강조된 홍보 등이 타이밍에 맞춰 순차적으로 또는 동시에 수행되어야 한다. 전략 실행을 뒷받침하는 여러 전술이 종합적으로 펼쳐져야 비로소 의도한 성과를 달성할 수 있다.

분석된 자료와 설문, 인터뷰의 결과를 해석하면서 병원의 위상은 물론 장단점을 파악하게 된다. 이런 과정에 <u>참여한 구성원들이 많아질수록 전체 구성원의 공감을 얻을 가능성이 높아진다.</u> 비전과 전략을 처음 수립할 때는 미흡한 부분이 많을 수 있어도 매년 시행하면서 자료도 체계적으로 축적이 되고 관계자들의 노하우도 늘어나게 되어 전반적인 경영역량이 커질 것이다.

## 비주얼 경영으로 추진력을 확보하자

전략과제별로 어떤 부서가 언제까지 해야 하는지 기한을 정해야 한다. 워크스마트 창립자인 그레그 S. 레잇은 이렇게 말했다. "꿈을 날짜와 함께 적어놓으면 그것은 목표가 되고, 목표를 잘게 나누면 그것은 계획이 되며, 그 계획을 실행에 옮기면 꿈은 실현되는 것이다. 기한이 없으면 추진력이 발생하지 않는다. 비전이나 전략이란 계획이 쓸모없는 종잇조각이 되지 않으려면 명확한 기한을 정해야 한다." 자기 개발 전문가인 브라이언 트레이시도 '기한을 정하지 않는 목표는 총알 없는 총'이라는 표현으로 기한의 중요성을 강조했다.

기한이 정해진 각 전략들을 주기적으로 점검해야 한다. 일을 많이 벌여놓고 진척 상황을 챙기지 않으면 일을 벌이지 않은 것만 못할 때가 있다. 병원 전략도 마찬가지다. 진척 상황을 모르면 상황 변화에 대응하기 어렵다. 그렇게 되면 먼 길을 에둘러 가거나 탈선할 수밖에 없다. 이처럼 전략이 방치되는 것을 보면 구성원들은 병원이 또 다른 일을 한다고 해도 크게 관심을 가지지 않는다. 월, 분기, 반기 등 정기적으로 전략 수행 여부를 점검하고 성과에 대해 보상해야 한다. 이런 과정이 일상화된 시스템으로 정착되어야 한다.

전략을 수립한 후 일부 전략이라도 목표를 조기에 달성하는 데 집중해야 한다. 성공경험을 공유함으로써 전략이 제대로 추진될 것이라는 확신을 부여할 수 있다. 오랜 기간 말만 많았던 것들이 하나둘씩 실행되면 구성원들의 기대감은 더욱 높아진다. 그리고 비전이 현실로 다가올 것이라고 믿게 된다.

비전목표와 전략목표를 단계별로 설정하여 이의 진행과정과 달성도를 숫자나 도표로 보여주면 구성원들이 더 쉽게 공감하고 참여도가 높아질 것이다. 이와 같이 시각적 효과로 구성원을 변화시키는 것을 비주얼 경영(Visual Management)이라고 한다.

경영자의 역할은 비전이라는 산의 정상을 정하고, 이를 향해 구성원들이 함께 의논하며 경로를 찾아 즐겁게 올라가도록 하는 것이다. 경영자는 경영상황이 어려울수록 구성원과 함께 올라야 할 목표 지점이 정해지고 공유되고 있는지, 자신은 체력이 좋다고 혼자 열심히 올라가고 있는 건 아닌지를 돌아봐야 한다. 원하는 성과는 이루려는 꿈이 있어야 거머쥘 수 있다. 꿈을 꾸게 만드는 일엔 많은 돈이 필요하지 않다. 경영진부터 꿈을 꾸고, 이를 나눌 때 병원의 변화는 시작될 것이다.

☑ 다음 물음에 답하면서 생각을 정리해봅시다. Yes는 10점 만점이라면 8,9,10점에 해당할 때 Yes, 그렇지 않을 때(1~7점) No라고 체크하세요.

우리병원은,

- 구성원이 비전문구와 의미를 잘 알고 있다 ☐ Yes ☐ No

- 구성원이 비전목표와 전략을 잘 알고 있다 ☐ Yes ☐ No

- 구성원은 발전가능성이 높다고 생각한다 ☐ Yes ☐ No

- 구성원들의 자부심이 매우 높다 ☐ Yes ☐ No

- 경영자가 비전을 전파하기 위해 노력한다 ☐ Yes ☐ No

- 비전·전략을 추진하는 전담조직이 있다 ☐ Yes ☐ No

- 비전·전략을 수립하고 달성여부를 점검한다 ☐ Yes ☐ No

※ Yes가 5개 이상이면 매우 양호(A), 3·4개면 보통(B), 3개 미만이면 열악(C)한 상황

인생은 선택과 집중의 싸움이다.

누구의 선택이 옳았고, 누가 더 집중했는지가 승패를 가른다.

우선순위 외의 일은 과감히 포기하라.

이것저것 다 잘하려고 하면 아무것도 잘하지 못한다.

「 무사시노, 고야마 노부루 사장 」

# 9

# 중소병원이 선택받는 비법

## 대학하고
## 어떻게 경쟁합니까?

"괜히 대학병원하고 경쟁하다가 망합니다. 중소병원은 중소병원답게 해야지 대학병원 이기려고 하다가 큰코다칩니다." 지금은 300병상인데 환자가 늘어 200병상을 증축하고 있는 종합병원의 이사장이 한 말이다. 앞서 말했듯 중소병원 경영자들에게서 매우 자주 듣는 말이다.

병원장이 이렇게 생각하는 순간 그 병원이 가지는 성장의 한계, 의료품질의 한계는 유리천장처럼 형성되어 버린다. 300병상은 경증질환의 환자들만으로 채울 수 있지만, 500병상을 중증질환의 환자없이 채울 수 있다고 생각하고 증축을 한다면 큰 착각이다. 설사 채울 수 있다고해도 이익을 기대하기는 어려울 것이다.

과거에 대학병원은 대기시간이 너무 길고, 대단히 불친절했다. 그래서 가깝고 대기시간이 짧고 친절한 중소병원을 찾았다. 그 결과 중소병원도 중한 수술을 많이 했다. 그런데 지금은 대학병원이 많아졌고, 서비스도 많이 개선되었다.

그래서 중소병원을 건너뛰고 바로 대학병원으로 몰리고 있다. 이 때문에 과거에 만성적자이던 대학병원들도 이제는 꽤 많은 흑자를 내고 있다. 대학병원 쏠림 현상은 정부 정책에서 비롯된 측면이 있지만, 고객들이 중소병원에 기대했던 장점들이 줄어들었기 때문이기도 하다.

과거에 중소병원을 선택하는 이유는 다음과 같았다.
1) 거리가 가깝다.
2) 기다리지 않고 빨리 진료받을 수 있다.
3) 진료비가 싸다.
4) 의료진이 친절하다.

반면에 선택하지 않는 이유는 다음과 같았다.
1) 우수 의료진이 부족하다.
2) 특별히 잘하는 전문분야가 없다.
3) 시설과 장비가 낙후되어 있다.

그런데 <u>시간이 지날수록 중소병원이 가진 장점은 대학병원들도 갖춰가고 있는 반면 중소병원이 가진 단점은 개선되지 않고 있다.</u> 극히 일부 지역을 제외하고 전국 어디에서나 30

분 내에 대학병원에 갈 수 있다. 국민소득은 높아졌고, 정부의 보장성 강화 정책으로 인해 의료비 부담이 줄어 환자들의 진료비에 대한 불만이 현저히 낮아졌다.

환자에게 생색내듯 한두 마디 툭 던지고 병실을 나가곤 했던 대학병원의 의사들도 이제는 많이 친절해졌다. 대학병원들이 고객만족도를 의사에 대한 평가요소로 관리하고, 의사의 진료행위를 녹화하여 모니터링하고 코칭하는 등 시스템과 교육에 많이 투자한 덕이다. 게다가 시설이 낙후되었던 대학병원들도 최근 10여 년 사이에 리모델링과 신축을 통해 병원을 쾌적하게 바꾸었다. 로봇수술이나 양성자 치료기 같은 장비에도 막대한 금액을 투자한다.

중소병원은 중증질환에 대한 투자를 소홀히 했기에 진료의 질에 있어 대학병원과의 격차가 더욱 커졌다. 게다가 비진료 영역의 서비스 격차도 줄어들거나 역전되고 있는 상황이다. 그러니 질환의 중증도 여부와 무관하게 대학병원으로 환자들이 몰리는 것이다. 하지만 대학병원에 경증환자들이 몰리는 현상이 대학병원의 수익에는 도움이 되겠지만 바람직한 것은 아니다. 대학병원에서 분초를 다투는 중증환자들이 경증환자 때문에 적시에 진료를 볼 수 없게 되기 때문이다.

지역주민들에게 '병원을 선택하는 가장 중요한 기준이 무엇이냐'고 질문했더니 특화된 진료영역과 우수 의료진이라는 답변 비중이 절반을 넘었다. 종합병원과 상급종합병원으로 갈수록 이렇게 답한 비중이 비례해서 올라갔다(설문 8). 대중에 알려진 의료진이 많이 포진해 있기 때문인 것으로 보인다.

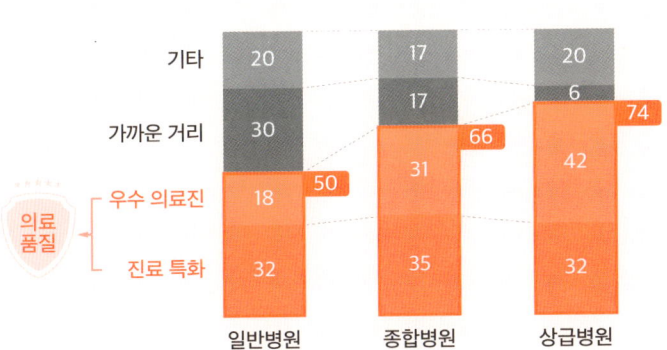

[설문 8] 병원을 선택한 가장 중요한 기준은 무엇입니까? (%)[5]

중소병원은 지금까지의 방식으로 버티려고 하면 시간이 지날수록 더욱 어려운 상황에 처할 것이다. 기본적으로 중소병원의 질적 수준이 담보되지 않으면 접근성과 긴 재원일수에만 의존하는 경쟁력 낮은 중소병원을 축소하자는 주장에 이견을 제시하기가 어렵다. 중소병원은 의원과는 확실한 격차가 나고, 대학병원보다 부족하지 않은 의료품질 수준을 확보해야 한다.

## 천하장사급 진료분야를 길러야 한다

지금 한국의 의료 상황은 씨름판의 천하장사 경쟁을 보는 것 같다. 과거에는 대학병원, 중소병원 등 체급을 나눈 경쟁이었으나, 정부의 보장성 강화 정책으로 인해 이제는 체급 제한이 없어졌다. 오직 천하장사만 대접받는 환경이 되었다. 이런 환경에서 살아남으려면 진료과나 질환별로 천하장사급 경쟁력을 가진 분야가 있어야 한다. 대학병원도 모든 분야에 최고경쟁력을 가진 것은 아니다. 또 질환별 진료표준이 없거나 협진과 컨퍼런스가 제대로 이루어지지 않는 대학병원도 적지 않다. 대학병원을 찾은 환자는 여전히 어떤 의사를 만나느냐에 따라 제공받는 의료품질이 현저히 달라지는 '복불복의 위험'을 안고 있다.

이런 대학병원의 현실을 볼 때, 중소병원도 무제한급 경쟁에 주눅들 이유가 없다. 이제 중소병원의 의사 중에 교수 출신도 많아졌고, 교육기회도 다양화되어 대학병원 의사와의 실력 격차가 많이 줄었다. 대부분 장비도 평준화되었다. 그렇기에 의료품질이 대학병원보다 당연히 낮다는 평가를 하는 것은 부당하다. 중소병원은 모든 분야에 있어 대학병원과 같은 경쟁력을 가지기는 어렵지만, 몇몇 분야는 대학병원과의 경쟁에서 전혀 뒤지지 않는 영역을 만들 수 있다. 이를 위한 네 가지 고려 사항을 제시해 본다.

## 한두 명의 진료과는 가급적 줄여라

의사가 2인 이하인 진료과는 의료품질을 담보하기 어렵다. 이런 진료과에서 한 명만 나가도 정상적인 진료가 어렵고 두 명 모두 나가면 폐과를 해야 한다. 만약 의사들이 7, 8월에 나가면 다음 해 초까지는 의사를 구하기가 어렵다. 그러면 6개월 정도 폐과가 되었다가, 다시 의사 이동기를 맞이해 새로운 의사를 영입해야 한다. 영입한 의사의 진료가 정상궤도에 오르기까지는 다시 최소 6개월이 걸린다. 거의 1년간 진료의 공백이 발생하는 셈이다. 더욱이 이렇게 어렵게 뽑은 새 의사가 믿을 만한지, 오래 근무할 것인지 알 수도 없다.

먼저 비워야 채울 수 있다. 대학병원처럼 의사를 골고루 배분하면 전문화영역을 위한 투자여력이 줄어들 수밖에 없다. 중소병원 중에도 규모가 큰 편이 아니라면 이런 진료과는 과감하게 폐과를 하고, 실력 있는 개원의나 대학병원의 관련 진료과와 협력하여 서로 환자를 의뢰하는 시스템을 구축하는 편이 효과적이다. 폐과하는 진료과의 의사를 줄이는 대신 전문영역의 의사를 늘려야 한다.

정부도 중소병원이 몸을 가볍게 하면서 전문화할 수 있도록 정책적인 지원을 해야 한다. 300병상 이상의 종합병원이 되기 위해서는 산부인과, 치과, 정신건강의학과와 함께 진단검사의학과나 병리과가 있어야 한다. 이와 같은 규제는 중소병원의 경영에 큰 부담이 되고 있다. 일례로 출산을 전문으로 하는 산부인과 전문병원이 인근에 즐비한데도 종합병원 자격요건 때문에 산부인과 의사를 유지하고 신생아실, 분만실을 운영해야 한다. 또 이미 개원가에 치과 병의원이 과잉인 상태인데 종합병원이라는 이유로 치과를 유지해야 하는 경우도 있다. 규제만 없다면 인근 산부인과, 치과 개원가와 진료 협약을 맺거나 대학병원의 관련과에 의뢰하면 된다. 뿐만 아니라 영상의학과, 진단검사의학과, 병리과를 전문으로 하는 개원가의 병의원을 활용하는 방안도 있을 것이다. 대학병원에서도 영상판독이나 검사의 일부를 아웃소싱하고 있는 실정이다.

## 전문화분야는 규모의 경제를 확보하라

먼저 미래수요와 현재의 경쟁력, 실행가능성 등을 고려하여 전문화분야를 결정해야 한다. 그것이 이사장이나 병원장의 전공분야라면 더할 나위 없이 좋다. 자신이 잘 아는 분야이기에 속도감 있게 전문화를 추진할 수 있고, 또 지속성도 있기 때문이다.

전문화해야 할 분야를 정했다면 적정 규모의 의사를 확보하는 것이 핵심적인 성공요건이다. 전문화분야에서 높은 의료품질을 확보하기 위해서는 일정 규모 이상의 전문의가 모여야만 가능하다. 즉, 적정 인력이 확보되어야 세부전공을 활성화시키고, 컨퍼런스를 하며 야간당직의 문제를 해결할 수 있다. 전문화를 한두 의사에 의존하는 것은 매우 위험하다. 이들이 이직하면 전문진료는 언제든 무너지기 쉽고, 이들의 영향력이 커져 병원에 과도한 요구를 하는 요인이 되기 때문이다.

수익성의 측면에서도 적정인력이 확보되어야 한다. 전문화를 하려면 환자수에 관계없이 시설, 공간과 지원인력의 확충이 불가피하다. 이런 투자를 하면 고정비가 지속적으로 발생한다. 만약 <u>전문화를 위해 투자를 하고, 의사를 늘리지 않는다면 장비나 지원인력의 활용도는 떨어질 수밖에 없다.</u>

그 결과 수익은 늘지 않고 이익은 더 줄게 된다. 대학병원은 진료분야별 인력이 적다해도 투자된 장비와 지원인력을 다른 진료과의 의사와 함께 공유하기 때문에 활용도가 매우 높다. 이에 반해 중소병원은 전문화된 영역에서 규모의 경제를 이루지 못하면 장비와 지원인력의 가동률은 떨어지고, 대학병원 대비 수익성이 떨어질 수밖에 없다. 그래서 전문화를 위해 투자된 장비와 지원인력의 활용도를 높여 수익성을 내기 위해서도 적정규모 이상의 인력을 확보해야 한다.

결과적으로 어떤 진료과나 질환이든 전문화 영역은 의사가 최소 4명은 되어야 한다. 진료성과와 연계해서 꾸준히 늘려 대학병원의 동일 진료과의 의사수를 넘어서야 한다. 진료과에 따라 다르긴 하지만, 대체로 2, 3차 의사수 목표는 8명, 12명이 되어야 한다. 12명 이상이 되면 어느 분야이든 최상의 품질을 확보할 수 있다.

### 전문화된 영역부터 센터화하라

대학병원은 장기나 질환별로 관련 진료과들이 원활한 협진을 하는 것이 쉽지는 않다. 오랜 기간 교실중심으로 운영된 시스템이 고착되어 교실을 넘는 수준의 협력은 익숙하지 않다. 게다가 2, 3년마다 교체되는 병원장이 진료과 간의 갈등을 조정하고, 협진에 필요한 공간을 재배치하며, 지원시스템을 구축하기도 어렵다.

하지만 전문병원은 병원장의 강력한 리더십으로 난제들을 해결하면서 질환별로 관련 의사들이 함께 진료하는 시스템을 효과적으로 구축했다. 그렇기에 성공적인 전문병원들이 꾸준히 나왔다. 선도적인 대학병원에서 추진하려는 질환별 센터화를 이미 구현한 셈이다. 종합병원도 전략적으로 육성할 분야부터 센터화해야 한다. 예약에서 사후관리까지 일사천리로 진행되도록 의료진과 지원인력의 협력체계를 갖추고 환자상태를 관련 의료진과 공유해야 한다. <u>이미 자리를 잘 잡은 안과, 척추·관절, 대장항문 등의 전문병원은 선진적인 시스템을 먼저 갖추고 서비스를 진화시켰기 때문에 성공했던 것이다.</u>

중소병원은 규모와 상황을 고려하되, 2~3개 분야의 전문화를 목표로 해야 한다. 현재 전문화된 영역과 연계성이 높은 진료과일수록 성공확률이 높다. 지금 이익이 난다는 이유로 안심한다면 그건 위기를 자초하는 것이다. <u>10년을 내다보는 안정성은 이와 같은 전문화 영역이 얼마나 잘 브랜딩이 되었는가에 달려 있지, 당장의 유보금이나 이익의 규모에 달려 있지 않다.</u>

## 전문화 영역의
## 핵심 프로세스부터 혁신하라

몸집이 큰 대학병원은 문제를 알아도 빠른 시일에 해결하기 어려운 고질적인 구조다. 진료프로세스 개선, 리모델링 등을 통해 환자 불편을 해결하고 싶어도 진료과 간의 이견, 구성원의 고충 등 먼저 해결해야 할 문제가 한둘이 아니다. 전문화를 위해서는 의료진이나 공간, 장비를 특정 진료과에 더 많이 배정할 수밖에 없다. 그런데 진료과 간의 조정과 합의는 여간 어려운 문제가 아니다. 게다가 프로세스 혁신은 관련 진료과와 지원 진료과 그리고 진료지원부서의 협조가 이루어져야 한다. 이 역시 쉽지 않다.

하지만 중소병원은 경영자가 '환자 만족, 의료품질 향상'을 중심에 두고 설득하면 구성원의 협력을 이끌어낼 수 있다. 진료과의 재배치나 약간의 리모델링이 필요할 수도 있지만 대학병원보다 실행하기가 훨씬 수월하다. 대학병원에 비해 공간이 넓지 않고 동선도 복잡하지 않기 때문이다. 환자 응대, 협진방식, 프로세스 재설계, 공간재배치 등에 있어 발 빠르게 새로운 시도를 할 수 있다. 빠른 의사결정과 추진력을 중소병원의 핵심경쟁력으로 삼아야 한다.

질환별로 요구되는 프로세스가 다르다. 수많은 질환들을 함께 보아야 할 때는 표준화하는 것이 매우 어렵다. 하지만 <u>전문화된 영역에서 반복해서 자주 보는 다빈도 질환은 그리 어렵지 않다. 그렇기에 환자의 편의성, 의료품질, 의사 시간 활용의 효율성 등을 고려하여 예약에서 사후관리까지의 프로세스를 맵(Map)으로 작성하고 이를 효율화할 수 있는 방안을 모색해야 한다.</u>

프로세스를 재설계할 때는 환자와 의사의 입장이 잘 반영되어야 한다. 환자 대기시간과 의사의 투입시간이 많거나, 환자의 불만과 의사의 불편이 많은 프로세스에 집중하여 개선해야 한다. 개선을 위한 방법으로는 정보화를 하거나 업무의 순서나 역할 분담을 바꾸는 방식 등을 활용하되, 동시에 적용할 수도 있다. 최근에는 환자들에게 모바일을 통해 환자 예약에서 문진, 결재, 재진예약, 설명, 만족도 조사 등 사후관리에 이르기까지 상당부분을 해결하기도 한다.

프로세스를 혁신했을 때, 시간(Time), 품질과 만족도(Quality),

비용(Cost)의 차원에서 기존 방식 또는 다른 병원과의 격차를 측정하여 관리해야 한다. 즉, 환자나 의사의 불편을 해소한 정도, 표준진료 적용비율, 재료비 절감액, 환자 만족도, 의료사고 발생건수 등 구체적인 관리지표를 설정할 수 있다. 질환에 따라 의료성과에 대한 더 구체적인 지표와 통계가 관리되어야 한다. 특히 고객의 불만과 의료사고가 프로세스의 문제일 때는 대충 넘기지 말고 원인을 파악하여 즉각적으로 개선해야 한다.

<u>센터화나 프로세스 혁신을 할 때 협조적이고 성과가 우수한 의사를 중심으로 병원을 운영해야 한다.</u> 근속연수나 직급 등과 무관하게 성과 중심으로 병원을 운영할 수 있는 점은 신속한 의사결정 등과 함께 중소병원 경쟁력의 핵심이다. 대학병원보다 중소병원의 의사들은 연봉을 더 받지만 그만큼 세션 수도 더 많다. 대학병원은 의사의 정년이 보장되어 우수 의사에 대한 인센티브 제도를 도입하거나 부적격자에 특별한 조치를 취하기 어렵다. 하지만 중소병원은 진료성과와 연동한 보상시스템을 구축하여 우수 의사를 파격적으로 대우하고, 불성실한 의사에겐 페널티도 줄 수 있다.

거의 모든 운동 종목에서 체격이나 체력의 불리를 극복하는 것은 쉬운 일이 아니다. 하지만 각 분야의 전설로 불리는 선수 중에는 체격적으로 열위에 있는 이들이 적지 않다. 이들에게는 한결같은 공통점이 있다. 약점을 극복하기 위해 스피드와 기술을 끊임없이 연마했다는 것이다. 중소병원도 규모가 작다는 약점을 의사결정의 스피드와 프로세스 또는 시스템의 정교화로 극복할 수 있다. 관건은 체급 차이를 극복하고자 하는 용기와 자신감이다.

## 나의 어머니를 모셔올 수 있게 하자

전문화 영역을 구축하면서 두 가지를 유념해야 한다. 하나는 대리수술 등 불법행위를 근절해야 한다는 점이다. 관절척추에 대한 명성만큼은 전국구 수준이던 서울의 B병원은 간호조무사의 말 한마디에 존폐의 위기를 겪고 있다. 최근 척추 수술 당시 간호조무사가 수술을 직접 마무리하는 모습을 누군가 촬영해 당국에 신고했다. 대리수술로 인해 B병원은 국민들의 질타를 받았다. 거기에 간호조무사의 어설픈

변명 한 마디가 비난여론에 불을 지폈다. "의사가 시킬 것에 대비해 평소에 미리 연습해 능숙했다." 누가 보아도 여러 번 수술경험이 있어 보이는 매끄러운 솜씨로 수술을 마무리한 간호조무사의 입은 손만큼 매끄럽지 못했다. 영상으로 제보된 수술 1건에 대해서만 혐의를 인정하고 이전에는 대리 수술을 한 적이 없다는 변명에 국민들은 등을 돌리고 말았다. 반복적으로 진행되는 수술의 모든 과정을 의사가 해야 한다는 점에서 여러 가지 무리가 있는 것도 사실이다. 하지만 현행법에 어긋나지 않게 의사가 하는 수밖에 없다.

병원의 명성을 쌓으려면 많은 노력과 시간이 든다. 어렵게 쌓은 명성도 한두 번의 사건사고로 무너지기도 한다. 게다가 금전적으로도 막대한 피해를 준다. 대학병원도 마찬가지지만, 중소병원은 이런 위험에 더욱 취약하다.

또 하나는 '과잉진료'를 해서는 안 된다는 점이다. 전문병원의 과잉진료에 대한 부정적인 시각이 생기면서 전문병원의 불신으로 이어지고 있다. 과잉진료를 하지 않을 때 전문화에 성공할 확률이 더 높아진다. 환자를 위해 존재하는 병원이 환자에게 해로운 행위를 하는 것은 당연히 잘못된 것이다. 또한 병원을 한두 해 운영하고 그만둘 것이 아니면, 과잉진료는 해서는 안 된다. 환자들이 계속 속지는 않기 때문이고, 심지어 구성원들이 이를 소문내고 다니기도 한다.

저자는 병원과 7대 원칙을 합의한 후 협력경영을 시작한다. 이 원칙에는 대리수술이나 리베이트와 같은 불법행위를 하지 않고, 과잉진료를 하지 않는다는 것이 포함되어 있다. 그리고 과잉진료에 대한 판단기준은 어머니이다. 의료진의 어머니가 진료 받으러 오셨을 때와 똑같이 진료하는 것이 적정진료다. 그때 하는 대로 하면 적정진료이고, 그때는 하지 않는 것을 한다면 과잉진료이다.

전문화의 성공여부는 나의 어머니, 수술방 간호사의 어머니 그리고 직원 모두의 어머니를 자신 있게 모시고 와서 환자들과 똑같은 방식으로 서비스와 진료를 제공할 수 있느냐에 달려있다.

☑ 다음 물음에 답하면서 생각을 정리해봅시다. Yes는 10점 만점이라면 8,9,10점에 해당할 때 Yes, 그렇지 않을 때(1~7점) No라고 체크하세요.

우리병원은,

- 인근 병원보다 의료품질이 우수하다 ☐ Yes ☐ No
- 대학병원과 경쟁 가능한 분야가 있다 ☐ Yes ☐ No
- 전문화된 진료영역이 2개 이상이다 ☐ Yes ☐ No
- 각 전문영역의 의사는 최소 5명 이상이다 ☐ Yes ☐ No
- 전문화분야가 센터형태로 독립되어 있다 ☐ Yes ☐ No
- 1~2명의 소규모 진료과는 거의 없다 ☐ Yes ☐ No
- 전문화 영역은 차별화된 프로세스가 있다 ☐ Yes ☐ No

※ Yes가 5개 이상이면 매우 양호(A), 3·4개면 보통(B), 3개 미만이면 열악(C)한 상황

훌륭한 지도자는

직원들의 자존심을 부추기기 위해 열심이어야 한다.

자신에 대한 믿음을 가진 사람들이 성취할 수 있는 것은 엄청나다.

「 샘 월튼, 월마트 창립자 」

# 10
# 의사를 신나게 하는 법

## 역지사지가
## 경영의 기본

의사들이 만족하면서 최선을 다하고, 오랫동안 근무하게 할 방법은 없나? 해법은 봉직의를 역지사지(易地思之)하는 데서부터 출발해야 한다. 대학병원의 교수와는 달리 연구나 교육을 한다는 자부심도 적고, 고용의 안정성과 노후를 위한 연금도 없다. 오래 근무한다고 해서 자동적으로 연봉이 오르는 것도 아니다. 그래서 그들은 미래가 불안하다. 어차피 고용의 안정성이 없고 매년 연봉협상을 해야 한다면, 하루라도 젊을 때 연봉을 더 주는 병원으로 옮기려는 것은 인지상정이다.

의사에게 '이직의 고려 이유'를 물어보면, 대학병원과 중소병원이 다르다. 대학병원에서 가장 많이 나오는 이유는 '미흡한 성장기회'(36%)인데, 이는 교수로의 승진에 대한 불안이 상존함을 의미한다. 이에 반해 '중소병원은 대학병원과는 달리 경영진과 소통이 안 된다'(33%)는 응답이 가장 많았다. 중소병원과 대학병원을 가리지 않고 보상 수준에 대한 불만은 항시 25% 내외인데, 타 직종에서는 보상에 대한 불만이 최소 40%에서 80%에 육박한다. 평균급여 수준이 낮을수록 연봉에 대한 불만이 많기 때문이다.

의사들은 의과대학이나 수련과정에서 동료와는 경쟁관계였고, 선생님과 선후배와는 상하관계였다. 이런 상황에서 자신이 원하는 바를 다른 이에게 표현하고 타협하는 것을 배우고 익히기 어려웠다. 그래서 봉직의는 자신이 원하는 바를 병원에서 먼저 물어봐 주기를 원할 뿐, 불만이 있어도 웬만해선 먼저 말하지 않는다.

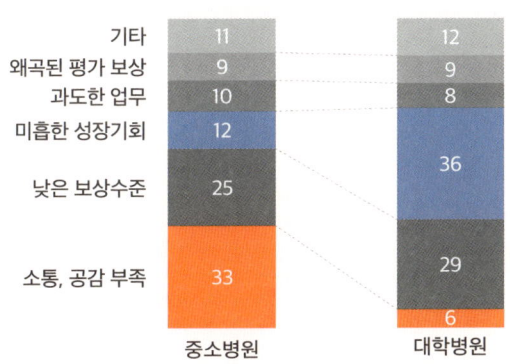

[ 설문 9 ] 이직을 고려한 가장 큰 이유는 무엇입니까? (%)[4]

마찬가지로 병원장도 먼저 그들의 요구사항을 물어보지도 않고, 그들이 요구를 말하면 과민하게 반응하기도 한다. 이런 미묘한 긴장관계 속에서 서로 불편한 시간이 흘러간다. 그러다 봉직의는 갑자기 이별 통보를 한다. 병원은 허겁지겁 의사를 구해야 하는 상황에 처하게 된다.

사표를 낸 중소병원 봉직의는 개원하거나 다른 병원으로 옮긴다. 개원하려는 의사를 잡기란 쉽지 않다. 이미 준비를 다 했거나 성공에 대한 기대감으로 들떠 있기 때문이다. 결국 <u>중소병원들은 대학병원의 교수를 영입하지 않는다면, 중소병원에 재직 중인 의사를 놓고 피 말리는 영입경쟁을 하고 있는 셈이다.</u> 이 경쟁에서 이기고 싶으면, 다음에 기술한 과제들을 병원의 실상에 맞게 실천에 옮겨보자.

### 이해가 되지 않으면 받아들이자

의사들은 칭찬 속에서 살아왔기에 자존심이 매우 강하다. 그래서 경영진이 병원을 위해 어떤 사항을 협조해달라는 말에도 민감하게 반응한다. 경영진이 자신들을 수익의 도구로 생각하거나, 자신들의 의학적인 견해를 무시한다고 받아들이기 쉽다. 또 그들의 의견을 충실히 반영하는 절차를 거치지 않고 제도를 도입하면 일방적으로 경영한다고 느낀다. 이런 생각이 굳어지면 그들은 언제라도 떠날 준비를 한다.

과거에는 선후배 관계가 돈독한 의사가 소통의 통로역할을 하기도 했다. 술을 많이 마시는 분위기였고, 현찰로 주는 금일봉도 소통의 주요 수단이었다. 그리고 연장자나 조직을 경영하는 사람에 대한 막연한 존중심도 있었다.

그런데 갈수록 개인주의적 성향이 강해져 친분을 위하여 단체적으로 움직이는 행사나 회식을 좋아하지 않는다. 현찰을 만들 수 있는 환경도 되지 않아 금일봉도 주기 어렵게 되었다. 의사들이 가지던 유대의식이나 선후배 간의 관계가 희석되었다. 이런 분위기에서 경영진은 봉직의와 자연스럽게 대화하는 기회와 시간이 줄어들 수밖에 없다. 이제는 과거와 같은 관리방식은 작동하기 어렵게 되었다.

우리사회가 급성장해왔기에 세대 간에 각각 경험했던 세상이 너무 다르다. 그래서 기성세대가 젊은세대를 이해하는 것은 거의 불가능에 가깝다.

이럴 때의 해답은 이해하려고 하지 말고 받아들이는 것이다. 학교 다닐 때 잘 이해가 되지 않는 수학공식은 일단 외우고 나면 문제를 풀 수 있었다. 그 뒤엔 자연스레 이해가 되는 경우도 있다. 마찬가지다. 이해하려고 노력하는 것은 좋으나 일단 외우는 게 좋다. <u>외워야 할 관계공식은 '그들이 싫다고 하는 것은 왜냐고 묻지 말고 가급적 하지 말자'이다.</u>

이런 바탕 위에 자신의 의견을 표현할 수 있는 자리와 제도를 통해 접촉의 시간을 늘려야한다. 공식적인 회의를 주재할 때도 배려가 담은 표현을 써야 하고 병원정책에 충실한 의사에게는 칭찬과 감사의 표현에 인색하지 말아야 한다. 의사들이 제시한 의견이 합리적이라면 반영해야 하고 반영할 수 없는 경우에는 그 이유를 피드백해야 한다. 그리고 골프대회와 같이 의사들이 좋아하는 활동을 하면서 자연스러운 자리를 만드는 것도 좋은 방법이다.

### 평소에 인력의 풀을
### 넓히자

조직에서 핵심인력이 떠나가는 것은 흔히 있는 일이다. 경쟁기업으로 가는 이도 있고 자기 사업한다고 떠나는 이도 있다. 나가는 직원을 잡기 어렵기는 일반 직장이나 병원이나 매한가지다. 애초부터 개원할 마음을 가지고 있었던 봉직의의 마음을 돌리기는 극히 어렵다. 또 자연스럽게 일부 의사가 교체되는 것이 꼭 나쁜 것만도 아니다. 그래서 이직하고 구인하는 것을 당연하게 여겨야 한다. 문제는 이런 일이 반복됨에도 사전에 대비하지 않는다는 것이다.

중소병원의 경영자에게 '경영을 하면서 가장 어려운 일이 뭐냐'고 물었을 때 의료진의 영입과 관리라는 응답이 50% 이상을 차지했다. 그럼에도 경영자가 의료진의 영입과 관리에 투입하는 시간은 불과 10%밖에 되지 않는다고 말했다. 나머지 시간 대부분은 다른 보직자에게 위임해도 되는 일상적인 업무에 소모한다. 의사의 이동이 많은 시즌만 되면 의사를 구하느라 갖은 고생을 다한다. 그런데 기본적인 인력이 충원되고 난 뒤, 6개월 이상은 별다른 노력을 하지 않는다.

병원장은 미래에 확충해야 하는 진료과별로 필요한 의사수를 산정하고, 이를 안정적으로 확보하는 노력을 계속해야 한다. 주변 병원이나 모교에 근무하는 선후배와 꾸준히 관계를 맺으면서 주변 병원의 정보나 의사들의 동태도 듣고, 신뢰관계를 쌓아야 한다. 그러다 보면 그들이 직접 오기도 하고, 그들의 친구, 선후배를 소개시켜주기도 한다.

요즘은 리크루트 회사가 꽤 많이 늘어났고, 많은 인력 풀을 가진 경우도 적지 않다. 역량 있는 리크루트 회사들을 파악하여 이들과 우호적인 관계를 형성해놓고, 우수 의사들이 있을 경우에 미리 알려달라고 해야 한다.

중소병원들은 의사의 구인난에 허덕이면서도 인력을 매우 타이트하게 운영하는 경향이 있다. 필요한 이상으로 의사를 더 뽑으면 인건비가 부담되기도 하고, 기존 의사의 실적이 떨어질까 우려해서다. 하지만 우수 인재가 있다면 전문화하려는 영역부터 한두 명을 더 영입해야한다. 의사의 자세와 실적만 좋다면 당장 부족하지 않아도 인력을 영입하는 것이 장기적으로 도움이 된다.

## 미래의 성장가능성을
보여주자

병원장은 병원의 미래가 밝다는 것을 보여줘야 한다. 의사들은 누구나 전망이 어두운 병원보다는 잘될 것 같은 병원에 근무하고 싶어 한다. 병원이 세운 비전이 이루어지면 진료과와 개인들이 어떻게 성장할 수 있는지를 구체적으로 알려줘야 한다. 의사들이 병원의 비전에 공감하지 않으면 돈이 그 빈자리를 파고든다. 성장기회나 인격적 대우에서 차이가 없다면 근무할 병원을 선택하는 유일한 잣대는 돈이 될 수밖에 없다.

교수가 아니라는 이유로 의사가 공부하지 않아도 되는 시대는 지나갔다. 중소병원은 물론 의원에 근무하는 의사 중에도 높은 연구성과를 내는 이도 많아졌다. 그래서인지 개원가의 의사가 학회장이나 주요 직책을 맡는 사례도 늘어나고 있다. 중소병원도 교육이나 컨퍼런스를 시행하여 공부하는 분위기를 만들고, 외부교육이나 학회참여도 권장해야 한다. 이를 통해 최신 지견에 대해 관심을 유지하며 성장하는 느낌도 받을 수 있고, 동료와의 신뢰나 연대감이 형성되기도 한다.

## 진료기여에 대한 성과급을 도입하자

의사의 연봉이 수도권에서는 떨어지거나 정체되었어도 지방은 꾸준히 오르고 있다. 의사의 연봉은 실수령액(소위 네트)을 기준으로 논의되는데, 이를 세전 연봉으로 환산하면 어지간한 대기업의 임원급 연봉을 넘어선다. 많이 기여하는 의사에게 충분한 보상을 하는 것은 마땅하나 기여에 비해 훨씬 많은 보상을 하는 경우가 적지 않다. 기여와 보상의 형평성을 맞추어야 한다.

과거와 같이 성과가 높은 의사에게 이사장이 임의로 금일봉을 주던 시대는 지나갔다. 그럴 수 있는 규모의 비자금을 만들기도 어렵고, 의사들도 정상적인 급여를 원하는 경향이 높아지고 있다. 그래서 진료기여수당과 같이 병원 성장과 개인의 보상을 연계시켜야 한다. 새로운 제도가 시행되면 의사들은 병원정책을 수용하여 짧은 기간에도 높은 성과를 내기도 한다. 주어진 규칙을 이해하고 실행하는 능력을 의사들은 충분히 갖추고 있다.

진료기여수당제도를 설계할 때는 병원의 고질적인 문제를 진단하고 이를 해결할 수 있는 주요지표를 설정하는 것에서 출발해야 한다. 의료수익에만 치중하지 말고 병원의 핵심과제와 연관된 지표들을 중심 요소로 삼아야 한다. 중증도, 협진건수, 외부의뢰건수, 초진율, 의사별 고객추천지수(NPS) 등이 대표적이다.

진료기여수당은 영향력이 매우 큰 만큼 부작용도 클 수 있다. 그래서 진료과별 특성은 물론 자신의 병원 특성을 반영하여 정교하게 설계해야 한다. 의사들이 충실히 이해하고 수용할 수 있는 과정을 거친 후 도입하는 것이 필수적이다. 진료기여수당은 단순히 수익을 올리기 위한 것만이 아니라 병원의 발전전략을 병원 구성원들이 이해하고 공유하는 의사소통의 일환이기 때문이다.

## 고용불안을
## 해소할 장치를 마련하자

대학병원은 공무원 보수표를 준용한 교원 호봉테이블에 따라 인상률이 정해지기 때문에 경영진이 별도로 연봉계약을 할 필요가 없다. 하지만 중소병원에서는 매년 연봉계약을 해야 하는데, 해마다 갱신하기보다 이전에 체결한 연봉계약을 묵시적으로 연장하는 경우가 많다. 이럴 때 봉직의들은 내놓고 말을 하지 않지만 불만이 쌓인다.

매년 체결하는 연봉계약을 고용계약으로 여기는 봉직의들이 적지 않다. 그래서 연봉계약을 매년 새롭게 하지 않으면 본인의 의사와 달리 언제든지 해고될 수 있는 1년 계약직 신분으로 여긴다. 현실에선 일방적인 해고가 쉽지 않음에도 의사들은 고용의 안정성에 대한 불안감을 지닌 채 살아간다. 장기계약, 해고요건과 절차 등을 만들어 의사들에게 알려줌으로써 고용의 안정감을 주어야 한다. 또한 장기근속을 할 경우의 혜택을 설계하여 운영해야 한다.

최초 계약을 할 때 연봉금액, 계약기간, 성과급 계산방법을 잘 설명해주어야 한다. 연봉협상 시기가 오면 가급적 한 달 전에 협의하는 절차를 통해 그들에게 의견을 말할 기회를 줘야 한다. 연봉의 수용도를 높이는 것은 병원 분위기에 매우 긍정적으로 작용한다.

## 매력적인
## 근무공간을 제공하자

대학병원은 교수의 수가 늘면서 모두에게 1인 연구실을 주기 어렵게 되어 2, 3인 등 다수가 연구실을 공용으로 사용하는 경우도 적지 않다. 그래서 임상교원들은 개인 연구실을 요구하고 있는 현실이다. 하지만 상당수의 대학병원에는 연구실, 훌륭한 컨퍼런스룸, 쾌적한 휴게공간과 운동시설이 구비되어 있다.

이에 반해 중소병원의 의사들은 대학병원 교수들과 비교할 때 대우나 근무 여건이 열위에 있는 건 사실이다. 진료실도 쾌적하지 않다. 연구실도 없고, 컨퍼런스 공간도 부족하거나 불편하다. 외부인사나 친구, 친지가 찾아오면 조용히 회의할 공간도, 같이 식사하거나 커피를 마실 편의시설도 부족하다.

<u>상당수의 중소병원은 지방에 위치하여 부지가격이 비교적 싸기 때문에 경영자가 맘먹기에 따라 의사들의 근무 여건을 얼마든지 매력적으로 만들 수 있다.</u> 진료실을 좀 더 넓고 편

리하게 만들고, 컨퍼런스룸이나 의사 휴게공간을 고급스럽게 꾸밀 수 있다. 의사들이 운동할 수 있는 피트니스 센터와 미팅 룸을 만들 수 있다. 이런 것이 기존 의사의 근무만족도를 높이고 우수한 의사를 영입하기 위한 투자다.

## 봉직의에게 경영에 참여할 기회를 주자

의사들의 협조를 구하는 것이 갈수록 어려워지고 있다. 수시로 병원을 옮기기 때문에 서로 잘 모르는 의사들도 생긴다. 이런 경향은 병원경영에 결코 바람직하지 않기에 당연시해서는 안 된다.

봉직의들이 오래 근무하고, 서로 신뢰하고, 단골환자를 많이 유지하는 것은 병원이 가질 수 있는 매우 큰 경쟁력이다. 이런 분위기를 조성하기 위해 가장 많이 노력해야 하는 사람이 병원장이지만, 진료부원장, 진료부장과 같은 주요 보직을 맡은 의사의 역할도 매우 크다. 봉직의 중에 진료실적도 좋으면서 경영에 관심이 있는 사람을 발굴하고, 이들에게 보직을 줘야 한다. 보직을 맡은 의사들에게는 보직수당과 함께 병원성과와 연계된 경영수당 등 적절한 보상도 따라야 한다. 그러면 경영진으로서 많은 역할을 하면서 병원 성장에 기여했다는 보람도 느낄 것이다.

봉직의 보직자는 경영에 참여하면서 병원의 애로사항을 함께 공유하게 된다. 그래서 병원이 새로운 시도를 할 때 그들이 나서서 동료들을 설득하기도 한다. 경영진이 말하는 것보다 훨씬 더 효과적이다. 이처럼 병원에서 오너와 봉직의의 심리적인 격차를 줄이는 것이 봉직의나 경영자 그리고 병원 모두에게 좋은 일이다.

병원이 커질수록 특히 의료법인인 경우에는 병원장 일가로만 경영을 할 수는 없다. <u>병원이 신뢰할 수 있고, 병원에 애정을 가진 의사가 많을수록 향후 병원이 선택할 수 있는 전략의 폭은 더 넓어진다.</u> 그렇기에 지금 당장 필요하지 않아도 의사들에게 보다 많은 경영참여 기회를 부여해 병원의 인재를 길러야 한다.

## 행복한 봉직의의 길

많은 직장인들이 창업을 꿈꾸듯이 봉직의들은 개원이라는 로망을 갖고 있다. 이 책의 논조가 봉직의는 계속 봉직의로 있기를 바라는 것처럼 비친다면, 그건 아니다. 저자는 의사 개개인의 선택을 존중한다. 다만 의사의 대다수가 봉직의이기 때문에 그들의 처우가 개선되고, 합리적인 방식의 보상이 이루어지기를 바라는 것이다. 그것이 봉직의와 병원에도 좋고, 의료품질과 서비스 개선으로 혜택이 환자들에게도 돌아간다.

혹시 봉직의로서의 훌륭한 자세가 개원하려는 의사에게는 해당되지 않는다고 생각할 수도 있다. 하지만 그렇지 않다. 창업해서 성공하는 사람들은 직장을 다닐 때 '너가 사장도 아닌데, 왜 사장처럼 행동하냐'는 말을 많이 듣는 사람들이다. 마찬가지로 개원해서 성공하는 의사들도 봉직의로 있을 때 누구보다도 열심히 하고, 환자들에게 인기가 좋고, 직원들에게도 잘했던 사람들이었다.

수처작주 입처개진(隨處作主 立處皆眞)이라는 법어가 있다. 가는 곳마다 스스로 주인이 되면 서 있는 곳이 모두 진리라는 뜻이다. 저자는 주인처럼 사고하고 행동해야 진짜 주인이 될 수 있다는 말로 해석하고 싶다. <u>지금의 병원에서 환자들을 이해하고, 그들의 마음을 사는 법을 배우고, 직원들과 소통하는 방식을 익히고, 경영을 배워야 한다. 이를 실천한다면 봉직의로 계속 있으면 명의로 대접받을 것이고, 개원한다면 성공확률이 매우 높을 것이다.</u>

마거릿 대처 전 영국 수상은 "생각을 조심하라 말이 된다. 말을 조심하라 행동이 된다. 행동을 조심하라 성격이 된다. 성격을 조심하라 운명이 된다. 결국 우리의 운명은 생각하는 대로 된다."고 말했다. 성숙한 사람들은 생각하는 바를 그대로 말로 옮기지 않는다. 한번 입 밖에 나오면 거두지 못하는 말의 위험성을 잘 알고 있기 때문이다.

시시때때로 의사결정을 내리는 조직의 리더와 경영자들은 특히 말과 행동에 유의해야 한다. 그런데 많이 배운 사람들 중에도 '갑'의 습성이 언행에 배어 있는 경우가 있다. 권한이 많기에 다른 이들에게 함부로 할 수 있고 또 해도 된다고 생각하기도 한다.

남을 배려하지 않는 것이다. 상처를 입은 사람들이 대놓고 항의하지 않으면 자신의 행동이 잘못된 것인지 제대로 성찰하지도 않는다. 이런 언행은 시간이 지나면서 습관이 되고, 그 습관은 직장과 가정, 사회생활 과정 등에서 언제든 불쑥불쑥 나오게 된다. 그들의 대인 관계가 어떨지는 어렵지 않게 짐작할 수 있다. 환자나 보호자 그리고 간호사나 직원들을 함부로 대하는 일부 의사들도 사정이 크게 다르지 않다.

저자가 만난 대부분의 명의는 환자를 비롯하여 타인의 마음을 헤아리고 그들의 입장에서 말하고 행동하는 것이 몸에 배인 분들이었다. 명의가 되기까지 생각과 말을 조심하고 가다듬는 수많은 과정을 거쳤을 것이다. 이런 좋은 습관은 가정생활이나 교우관계에서 매우 긍정적인 영향을 끼칠 뿐만 아니라 궁극적으로 자신의 삶을 윤택하게 만들어 준다. 개원의이든 봉직의이든 평소 환자와 동료들을 배려하는 말과 행동을 하고 있는지 돌아봐야 한다고 생각한다. 그게 결국은 다른 사람이 아닌 자신 스스로를 위하는 길이기 때문이다.

☑ 다음 물음에 답하면서 생각을 정리해봅시다. Yes는 10점 만점이라면 8,9,10점에 해당할 때 Yes, 그렇지 않을 때(1~7점) No라고 체크하세요.

<u>우리병원(경영진)은,</u>

• 의료진과 소통을 잘한다 ☐ Yes ☐ No

• 평소에 의료진의 풀을 넓힌다 ☐ Yes ☐ No

• 의료진에게 병원미래를 잘 알린다 ☐ Yes ☐ No

• 보직에 참여하는 봉직의가 많다 ☐ Yes ☐ No

• 차등적 진료기여수당 제도를 운영한다 ☐ Yes ☐ No

• 봉직의가 고용에 대한 안정감을 느낀다 ☐ Yes ☐ No

• 매력적인 근무공간을 제공한다 ☐ Yes ☐ No

※ Yes가 5개 이상이면 매우 양호(A), 3·4개면 보통(B), 3개 미만이면 열악(C)한 상황

똑같은 행동을 반복하면서

다른 결과를 기대하는 것은 어리석은(insane) 일이다.

「 아인슈타인 」

# 11

# 경영의 악순환을 벗어나자

## 경영의 악순환과 선순환을
## 가르는 트리거(Trigger)

대학병원은 이익에 대한 개념이 희박한 경우가 적지 않다. 규모가 크고 전통이 오래되어 한동안 이익이 나지 않아도 망하지 않는다고 믿기 때문이다. 병원이 이익구조를 개선하려거나 차별화를 시도할 때마다 '의료를 가지고 돈벌이한다'는 비난이 병원 내부에서 나오곤 한다.

이런 대학병원의 논쟁을 지켜보는 중소병원의 관계자들은 허탈하다. 중소병원들은 두세 달 치 운영자금도 없는 경우가 허다하다. 매달 월급날이 돌아오는 것이 '없는 집에 제삿날 돌아오는 것' 같은 느낌이다. 재정이 악화되면 월급을 깎거나 제때 지불하지 못하는 상황이 된다. 그러면 우수 인력이 나가고 장비와 시설에 투자할 수 없다. 진료서비스는 나빠져 환자는 다른 병원을 찾게 된다. 그 결과 적자가 더 커지는 악순환의 고리에 갇히게 된다.

맛있는 식당은 손님이 많고, 손님이 많으면 흑자가 되고, 흑자가 되면 더 좋은 재료와 장비로 음식을 만들 수 있다. 그러면 손님이 더 많아지고 흑자가 늘어나는 선순환을 하게 된다. 병원도 이런 논리에서 크게 벗어나지 않는다. 수술 잘 하고, 의료서비스가 좋은 병원은 환자가 많고, 환자가 많으면 흑자가 되고, 흑자가 되면 우수 의료진, 장비와 시설에 과감한 투자를 할 수 있다. 그 결과 의료품질이 올라가는 선순환이 이루어진다. 역으로, 적자가 지속되면 우수 의료진을 유지할 수 없고 장비와 시설에 투자할 수 없게 되어 의료품질이 떨어진다. 그러면 환자가 줄어들고 적자규모는 더욱 커지는 악순환의 고리를 타게 된다(그림 3).

[ 그림 3 ] 병원 운영의 악순환(惡循環) 구조와 선순환(善循環) 구조

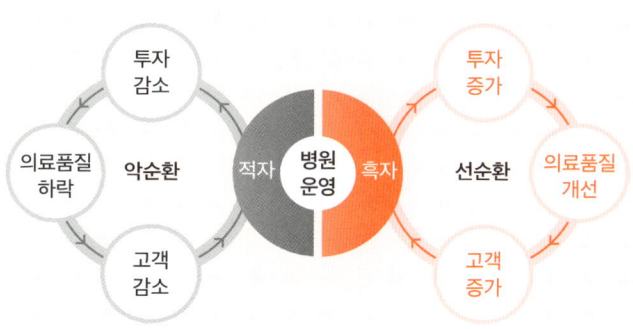

모든 조직은 이익이 나야 지속가능한 성장과 발전을 할 수 있다. 일정 규모의 이익을 내야 투자도 하고, 직원들의 처우를 개선할 수 있다. <u>실제로 이익이 많이 나는 병원에서 더 나은 의료서비스가 이루어지고, 직원들의 처우가 더 좋다.</u>

중소병원의 경영자들은 너무나 잘 아는 현실이다. 당장 재원이 없으면 새로운 시도를 할 수 없고, 빚을 내어 시도했다가 실패했을 때 돌이킬 수 없는 상황이 될까 걱정한다. 그러니 중소병원 경영자들의 뇌리엔 투자재원만 있으면 무엇인가 제대로 해볼 수 있다는 생각이 늘 자리잡고 있다.

## 생존부등식을 명심하자

저자의 은사이자, 우리나라 경영학계의 대가인 고(故) 윤석철 교수님이 제시한 유명한 명제가 있다. 모든 조직에 작동하는 원리로 '생존부등식'을 제시했다. 고객에게 제공하는 가치(Value)는 고객이 지불해야 하는 가격(Price)보다 커야 하고 가격은 고객에게 제공하는 가치를 만드는데 들어가는 원가(Cost)보다 커야 한다는 것이다.

$$V(Value) > P(Price) > C(Cost)$$

어느 조직이든 이 조건을 반드시 준수해야 생존할 수 있다. 당연한 말이지만, 많은 함의를 담고 있다. 고객은 자신이 느끼는 가치보다 가격이 비싸다고 느낀다면 그 서비스를 사지 않을 것이다. 가격보다 원가가 비싸다면 서비스를 팔수록 적자가 나기 때문에 장기적으로 서비스를 제공할 수 없다. 그래서 가치를 어떻게 높일 것이냐, 또 가치에 근접하는 가격을 받을 수 있을 것이냐 그리고 가격보다 원가를 얼마나 더 낮출 수 있을 것이냐를 고민해야 한다.

병원경영을 생존부등식에 대입하여 생각해보자.

첫째, 가치(Value)를 올려야 한다. 환자나 고객이 느끼는 만족도를 높임으로써 더 많은 가격을 지불할 용의가 있도록 해야 한다.

병원의 브랜드 파워를 높이거나 우수한 진료성과나 병원에 소속된 명의가 많다는 사실을 알리면 환자들에게 진료에 대한 믿음을 준다. 치료과정에서 설명을 잘하고, 친절 교육을 하거나 시설의 쾌적성을 높이는 것도 진료서비스의 만족도를 높이는 일이다. 이렇듯 진료서비스에 대한 가치를 높이면 의료수가에서 정한 급여는 올릴 수 없지만, 비급여분야는 가격을 올릴 수 있는 근거가 된다. <u>가격을 올릴 수 있는 건진센터나 편의사업에서도 고객의 눈높이를 넘는 가치를 제공함으로써 고객이 높은 가격을 지불하더라도 서비스를 기꺼이 구매할 수 있도록 해야 한다.</u>

둘째, 가격(Price)의 수준을 올려야 한다. 의료수가는 정부가 정하기 때문에 올리지 못하지만, 환자를 늘리거나 환자당 평균진료비를 높이면 가격 경쟁력을 확보할 수 있다. 환자를 늘리기 위해 우수 의료진 영입, 전문화 구축, 동기부여 제도 도입, 전략적 홍보와 같은 노력을 해야 한다. 환자당 평균진료비는 중증도를 높이고 진료패턴을 적정화하는 등의 방법으로 높일 수 있다. 자세한 내용은 후술한다.

셋째, 비용(Cost)을 줄여야 한다. 인건비, 재료비, 관리비를 세부계정별로 분석하여 절감의 여지를 찾아야 한다. 인건비를 낮추려면 불필요한 인력을 줄이는 등 적정인력수를 관리해야 한다. 하지만 1인당 인건비를 낮추려는 노력은 어렵기도 하지만 낮은 연봉은 우수 인력을 유치하거나 유지하기 어렵기 때문에 장기적으로 바람직하지 않다.

이에 반해 <u>재료비나 관리비는 구매방식과 노하우에 따라 품질을 저하시키지 않고도 절감할 여지가 많다.</u> 비용의 세부계정별로 분석하면 수익성을 획기적으로 개선할 수 있는데, 이렇게 제대로 분석하고 있는 병원은 많지 않다. 그런 병원들은 병원장이 손익계산서 등 재무제표를 읽지 못하는 경우가 많다. 체계적으로 비용을 절감할 엄두를 내지 못하니 진료수익을 높이는 데만 집중하는 것이다.

가치 제고, 가격 수준의 인상, 비용 절감 3가지 차원의 노력을 체계적으로, 동시에 실행하면 수익성 제고에 가장 바람직하다. 그게 어렵다면 효과가 잘 나고 실행이 용이한 과제부터 골라보자. 저자는 협력경영을 시작하면 병원에 대한 정확한 진단과 병행하여 수익성을 높이는 작업을 동시에 시작한다. 그래야 투자재원을 조기에 마련할 수 있고 병원 경영진도 자신감을 갖고 협력경영에 임할 수 있기 때문이다.

일반적인 절차를 간단히 설명하면 이렇다. 우선 3가지 차원과 연관된 병원의 경영상태와 관련 활동의 개선가능 여부와 개선효과를 검토하여 우선순위를 결정한다.

콜센터나 진료협력센터 그리고 검진센터를 활성화하여 환자들이 유입되는 경로를 확장하고, 유입될 환자를 충실히 진료할 수 있는 여건을 조성한다. 협력병원들의 여건과 특성을 고려한 전략과제를 수립한 후 의료진을 비롯한 구성원과 공유하여 공감대를 형성한다. 그 후 의사의 세션수와 휴가 일수 등을 조정하면서 진료기여금 제도를 도입한다. 이런 정도만 수행해도 진료수익의 5% 내외, 이익의 30% 이상의 증가효과가 발생한다.

## 환자가
## 오는 길을 닦아야

환자가 신뢰하고 먼 곳에서도 찾아올 수 있는 근본적인 방법은 우수 의사의 비중을 높이고, 높은 의료품질을 제공할 수 있는 전문화된 영역을 확보하는 것이다. 환자들도 많은 설문에서 이 사실을 일관되게, 정확하게 짚었다. 병원은 치료받으러 가는 곳이기 때문에 너무나 당연한 말이다.

환자가 줄어든다고 걱정하면서도 환자를 스스로 내치는 병원들이 허다하다. 이 병원들은 환자가 예약하려 해도 콜센터에서 전화를 제때 받지 않거나 통화 중이다. 심지어 콜센터 직원이 전화를 받는 중에 다른 직원과 농담을 하기도 한다. 통화 중이어서 받지 못했던 전화나 부도난 예약을 콜백하지 않고 해피콜도 하지 않는다. 이벤트 콜을 적극적으로 시도하여 홍보하는 경우가 드물다. 홈페이지나 모바일을 통한 예약기능조차 없다.

고객이 제기하는 불만에 피드백을 하지 않고 문제를 해결하지도 않는다. 심지어 불만을 표출하는 고객과 다투거나 고객에게 상처를 입히는 말과 행동까지 한다. 그래도 병원 측은 별다른 조치 없이 넘어가기도 한다.

무엇보다도 먼저 찾아오는 고객을 막는 요인부터 신속히 제거해야 한다. 방문하려는 환자조차 홀대하는데 어떻게 새로운 환자가 찾아오기를 바랄 수 있나. 지금 당장 자신의 병원에 예약전화를 해보자. 불편함을 느끼지 않을 정도로만 개선해도 예약률이 최소 10% 이상 증가할 것이다. 콜센터의 시스템을 개선한 후 외부 전문가가 매뉴얼을 제공하고 콜센터의 직원을 교육해야 한다.

가까이 있는 우군부터 챙기면 환자는 늘어나기 마련이다. 가장 큰 우군은 병원의 구성원이다. 많은 예산을 들여 화려한 홍보를 하지만 정작 많은 구성원들이 자신의 병원에서 수술을 잘하거나 진료를 잘 보는 의사가 누군지 잘 모른다. 그런 직원들은 지인이 의사를 추천해달라는 요청을 해도 '실력 있는 의사가 없다', '우리병원이 미덥지 않아 가족을 데려오지 않는다'고 한다. 사실상 환자를 내쫓는 것이다. 특정 의사에게 수술해도 되겠냐는 질문에도 큰 병원으로 가라고 대답하곤 한다.

구성원들이 이런 상황인데 우리병원에 오라고 외부에 홍보하는 것은 모순의 극치다. 진정성 있는 홍보는 내부에서부터 출발해야 한다. 내부에서 구성원에게 홍보하면 그 내용의 사실여부를 금방 알 수 있어 거짓인 내용을 홍보할 수 없다. 그러기에 홍보를 하려면 가장 먼저 구성원에게 인정받을 의료품질을 확보하려는 노력을 선행하거나 적어도 병행해야 한다.

병원에서 내세울 만한 의사들이 구성원을 대상으로 건강강좌를 열어 그들의 진료성과와 역량에 대한 메시지를 원내에서부터 알려야 한다. 어느 병원에서 이와 같은 방식으로 내부홍보를 해보니 '우리병원의 과장님이 이런 경력이 있는지 몰랐다. 기회가 되면 가족을 데리고 와서 진료를 받겠다'는 구성원이 많아졌다. 이런 노력의 결과로 수술방의 간호사 선생이 의사의 수술 실력을 인정하고 자신의 부모와 친지를 모셔온다면 외부에도 홍보를 할 기본이 갖춰진 것이다.

내부 호응으로 입소문을 타고 특정 의사가 지역에서 유명해지자 다른 의사들도 자신의 브랜딩 포인트를 챙기고, 병원

측에 홍보해 달라고 나섰다. 구성원을 위한 홍보메시지가 만들어지면 환자나 지역 주민에게 어필할 준비가 완료됐다고 할 수 있다.

구성원과 친지 다음으로 가까이 있는 우군은 협력병원과 관계기관이다. 주변 대학병원과는 병원 대 병원 차원뿐 아니라 대학병원 의료진과의 관계도 각별하게 관리해야 한다. 굳이 갖추어야 할 필요가 없는 진료과는 협력의원이나 대학병원과 연계하면 된다. 우리나라에서는 드물지만 일본에선 원무과 옆에 협력병의원을 소개하는 전단지를 가지런히 비치한 병원들이 있다. 진료협력센터 등에서 협력병의원에 대한 소개 자료를 고객에게 제공해야 한다. '협력병원의 밤'과 같은 행사도 대학병원의 전유물이 아니다. 오히려 개원가에서 더 적극적으로 해야 하는데, 중소병원들은 이를 소홀히 하고 있다.

## 중증도를 강화하고
## 진료패턴을 적정화하라

다른 산업에서 가격과 같은 것이 병원의 행위별 수가인데, 급여는 정부에 의해서 통제가 되기 때문에 병원이 자의적으로 높일 수 없다. 그렇지만 환자당 평균진료비는 높일 수 있다.

평균진료비를 높이는 근본적인 방법은 중증도를 높이는 것이다. 이는 하루아침에 되지 않기에 중소병원들이 제일 어려워하는 부분이다. 하지만 이것이 안 되면, 대학병원과 제대로 경쟁할 수 없다. 전문병원 중에는 대학병원과의 경쟁에서 좋은 성적을 내는 병원들이 있다. 특정 전문병원의 질환별 평균진료비가 대학병원 동일과의 평균진료비보다 훨씬 높다. 이것은 전문병원이 특정 질환에서 대학병원 못지않은 신뢰를 확보했기에 가능한 것이다.

만약 병상 수가 300병상을 넘어서면 경증질환만으로 병상 가동률을 80% 이상 유지하는 것은 매우 어렵다. 특히 입원 환자가 갈수록 고령화되는 상황에서 중증도 높은 질환이 없다면 병실을 다 채워도 평균진료비는 높아지지 않는다. 그렇기에 중증질환 진료의 전문성을 지속적으로 높여가야 한다. 이를 구축하기 위한 방법은 '9. 중소병원이 선택받는 비법'에서 설명한 바 있다.

중증도를 높이려면 시간이 많이 소요된다. 하지만 비급여를 포함하여 질환별 진료패턴을 분석하고 표준진료나 적정진료로 처방을 바꾸는 데는 오래 걸리지 않는다. <u>같은 질환이라면 대학병원 명의와 중소병원 의사의 진료패턴이 달라야 할 이유가 없다.</u> 그래서 대학병원, 동급 중소병원의 의사와 특정 중소병원 의사의 질환별 진료패턴을 분석하는 것이 필요하다.

종별 가산효과를 제외해도 중소병원의 질환별 진료비가 대학병원보다 현저히 낮고, 중소병원 간에도 질환별 진료비의 차이가 매우 크다. 진료패턴이나 비급여수가 등으로 인해 차이가 발생할 수 있는데 그 원인을 규명하여 과도한 차이는 줄여야 한다. 적정진료의 관점에서 볼 때 중소병원에서는 빠뜨리거나 과소진료를 하는 경우가 적지 않다. <u>의사들의 진료패턴을 세부적으로 분석하여 명의의 진료패턴에 근</u>

접시키면 의료품질은 높아지고, 평균진료비도 올라가는 경향이 있다.

이 과정에서 질환별로 비급여의 비중이 병원마다 심지어 같은 진료과, 같은 세부전공의 의사들끼리도 매우 다른 것을 확인할 수 있다. 비급여를 부정적으로 보는 이가 많은데, 이것은 다시 생각해보아야 한다.

비급여는 시행하면 안 되는 나쁜 것이 아니라 의료적으로 필요하지만 정부재정이 부족해서 당장은 급여화하지 못한 것이다. 정부가 급여수가를 저가로 통제한다고 비판하면서 병원들의 의지로 할 수 있는 비급여의 비중이 높은 것을 마치 과잉진료하는 것처럼 매도하는 것은 잘못된 것이다. 자신의 어머니를 치료할 때는 통증을 줄이거나 만에 하나라도 있을 수도 있는 후유증을 예방하기 위해 비급여재료를 사용하면서도, 가난한 사람에게는 그런 것을 알려주지도 않는 게 환자중심, 정직한 진료는 아닐 것이다.

지금 이 글을 읽는 경영진께 여쭙는다. '귀하 병원의 비급여 비중이 몇 %입니까?' 아마 정확히 아는 분들은 절반에 못미칠 것이다. 일반적으로 중소병원은 매출액에서 차지하는 비급여비중이 11~15%이고, 대학병원은 15~20%다. 동일한 매출액이라도 비급여비중이 높으면 이익이 더 많을 것이기에 비급여비중의 차이가 1~2%라고 해도 무시할 일이 아니다.

수가정책은 수시로 바뀐다. 이를 잘 관찰하여 신속하게 적용하는 병원들은 매우 큰 혜택을 보게 된다. 편법으로 청구를 하는 것이 경영역량인 것처럼 생각하는 경영자가 있고, 실무자는 이를 두둔하기도 한다. 하지만 원칙을 지키지 않는 청구는 결과적으로 병원에 손실을 끼치는 경우가 대부분이다. 그래서 <u>수가의 전문성을 확보하는 게 무엇보다 중요하다. 불법적인 임의비급여를 없애고, 합법적인 비급여수가를 정비하고, 누락된 수가를 찾아내는 노력을 해야 한다.</u>

## 제공하는 서비스의
## 가치(Value)를 높이자

저수가 정책은 의료계 공동의 적(敵)이다. 그런데 원천적으로 수가의 적용을 받지 않는 영역에서 가격을 올리려고 노력하지 않는 것도 참 아이러니한 현상이다. 수가의 적용을 받지 않는 대표적인 영역이 건강검진 프로그램의 단가이다. 건강검진센터(이하 '건진센터'로 칭함)의 프로그램과 가격은 그야말로 천양지차(天壤之差)다. 어느 대학병원에는 천만 원이 훌쩍 넘는 검진프로그램이 있는데, 매년 재검률도 90%에 육박한다. 개인검진은 물론이고, 단체검진도 금액의 차이가 상당히 난다.

중소병원들은 고급화된 건강검진을 대학병원의 전유물로 생각하고 가격을 높일 엄두도 내지 않는다. 하지만 H병원은 자신의 전문분야와 연계하여 특화된 검진프로그램을 개발하고 다른 프로그램도 타병원보다 경쟁력이 있도록 보강했다. 그리고 분석과 상담기능을 강화하여 고객의 만족도를 높였다. 콜센터에서 이벤트콜을 하고, 우수 인재를 영입하여 마케팅을 적극적으로 하고, 건진센터에 인센티브 제도를 도입했다. 그 결과 건진센터의 수익이 획기적으로 개선되었고, 건진센터 방문 고객들의 유입으로 인해 외래환자도 증가했다.

<u>가격을 인상할 수 있는 힘은 서비스의 차별화와 고객의 만족도에 달려있다.</u> 가격 조정을 할 수 있는데도 가격을 올리지 못하는 것은 서비스를 차별화하지 못한 상태에서 가격만 높이면 고객이 이탈하기 때문이다. 그렇기에 경쟁상황에 놓여있는 서비스는 가격 통제가 없어도 가격을 함부로 올릴 수 없다. 또 수가처럼 가격의 통제가 있는 것이 꼭 나쁜 측면만 있는 것은 아니다. 실제로 어떤 질환에 있어 가격통제를 풀어 경쟁상태가 되면 덤핑을 하는 병원들이 생겨 가격이 더 떨어질 수도 있기 때문이다.

편의사업을 비롯한 수익사업도 마찬가지다. 중소병원들도 주변의 부지를 확보하고 편의시설을 확충할 필요가 있다. 편의시설도 핵심 임차인(Key tenant)이라고 불리는, 브랜드력이 있는 매장을 입점시켜 전반적인 고급화를 지향해야 한다. 브랜드가 있는 매장들을 유치하는 것이 쉽지 않다. 조건이 까다로워 누가 '갑'인지 모르는 상황이 전개되곤 한다.

그래도 유치해야 한다. 이런 매장의 브랜드는 병원 이미지를 제고하고, 주변에 있는 다른 편의시설의 가치까지 높일 수 있다. 그래서 이를 앵커 임차인(Anchor tenant)이라고 부르기도 한다.

아직은 드물지만 앞으로는 병원이 건강과 관련된 다양한 서비스를 창출하고 관련 제품을 판매하는 등 새로운 분야를 점점 더 많이 개척해 나갈 것이다. 사람들이 단지 치료받기 위해서만이 아니라 다양한 목적으로 병원을 찾는 등 병원의 역할이나 가치가 더욱 확장될 것이다.

## 전략적 구매를 통해 비용을 줄이자

비용의 대부분은 구매에서 발생한다. 채용도 결국 인재의 지식과 시간을 구매하는 것이다. 첨단장비, 용역, 재료 등의 구매는 항상 품질과 가격 요소를 동시에 봐야 한다. 품질도 좋고 가격이 싸면 제일 좋지만, 그런 경우는 잘 없다. 그래서 품질을 더 중시해야 할 때도 있고, 가격을 더 중시해야 할 때도 있다. 어떤 경우에는 아무리 가격의 차이가 많이 나도 높은 품질을 선택해야 할 때가 있다. 하지만, 기성품인 경우에는 적정품질만 충족하면 싼 제품을 구매하는 것이 당연하다. 이런 부분에서 매우 많은 노력을 기울여야 한다. 왜냐하면 구매는 의료품질에도 영향을 미치지만, 이익에 미치는 영향이 막대하기 때문이다.

환자수를 늘리고 평균진료비를 높여서 진료수익을 올리는 것이 쉽지 않다. 그런데 100억 원의 진료수익을 올려도 이익은 5억 원 내외에 지나지 않는다. 하지만 비용을 100억 원을 줄이면 이익은 100억 원만큼 늘어난다. 효과가 많게는 20배인 셈이다.

비용은 인건비, 재료비, 관리비로 구성된다. 복리후생비 등 인건비성 비용을 포함하면 실제 인건비는 40%에서 60%를 차지한다. 그래서 인건비 관리를 중시하고, 수익의 60% 이상을 넘어서는 안 된다는 말이 금언처럼 회자되곤 한다. 그런데 급여, 퇴직급여, 4대 보험료와 같은 인건비성 비용은 인력을 줄여야 하는데 이는 결코 쉽지 않다. 노동법의 문제는 별개로 하자. 의사수를 줄이면 비용보다 훨씬 많은 수익이 줄어든다. 간호사 등의 인력을 줄이면 업무량이 늘어나 서비스의 질이 떨어진다. 급여 수준을 낮추면 의사나 간호사의 영입전쟁에서 이길 수가 없다.

그런데 급여 수준과 직종별 인원을 엄격하게 관리하는 병원이 한 번에 수억 원에서 수백억 원이 들어가는 장비나 물품단가에 대한 계약은 쉽게 하곤 한다. 총비용 중 재료비가 약 30% 정도가 되고 재료비 이외에도 계약을 통해 발생하는 비용을 합치면 약 40%에 이른다. 약, 소모품, 수술재료, 시약, 의료가스, 린넨은 물론 용역, 검사수수료, 유지보수료 등은 모두 구매계약을 통해 발생하는 비용이다. 앞서 말한 대로 <u>비용절감이 수익증가보다 이익에 미치는 영향이 최대 20배가 크니 구매라는 젖은 수건을 잘 짜야 한다.</u>

K병원은 매우 많은 적자를 내고 있었다. 원가분석을 하니 재료비 비중이 평균보다 높고, 표준적인 아이템도 타 병원의 단가보다 훨씬 높았다. 이에 보다 많은 제조사, 도매상, 메디칼 회사가 참여하여 실질적인 경쟁이 이루어질 수 있는 조치부터 했다. 입찰설명회, 주요 회사 협조요청, 투찰 즉시 현장개표 등을 통해 입찰이 투명하다는 믿음을 주었

다. 사용부서에서 특정 제품을 고집하면 경쟁을 제한시키기 때문에, 입찰규격서에 복수 이상의 제품을 요청할 수 있게 협조를 구했다. 이를 토대로 원가를 최대한 절감할 수 있는 입찰구조를 설계하고 예정가격을 설정했다. 영업소재지 등 불필요한 자격요건을 제거하여 보다 많은 회사가 참여하도록 유도했다.

새로운 방식으로 입찰한 결과 16%(28억 원)의 비용절감효과가 나타났다. 평균이익률이 5%이라면, 560억 원의 매출을 올려야만 낼 수 있는 이익규모이다. 불법적인 리베이트를 받지 않고 법규를 준수하면서도 리베이트 금액보다 훨씬 큰 비용을 절감할 수 있었다. 내부에 구매 전문인력을 육성해야 하고, 때로는 외부의 전문기관을 활용해야 하는 이유가 여기에 있다.

☑ 다음 물음에 답하면서 생각을 정리해봅시다. Yes는 10점 만점이라면 8,9,10점에 해당할 때 Yes, 그렇지 않을 때(1~7점) No라고 체크하세요.

우리병원은,

- 병원에 재투자할 여력이 충분하다 ☐ Yes ☐ No

- 콜센터 등 환자유입 통로가 잘 정비되어있다 ☐ Yes ☐ No

- 구성원이 병원(의사)의 자랑거리를 잘 안다 ☐ Yes ☐ No

- 구성원의 가족, 친지가 수술하러 많이 온다 ☐ Yes ☐ No

- 협력병원이나 협력기관 관계관리를 잘 한다 ☐ Yes ☐ No

- 비급여비중을 효과적으로 관리하고 있다 ☐ Yes ☐ No

- 주기적으로 진료패턴을 적정화 한다 ☐ Yes ☐ No

- 고객편의사업이 활성화되어 있다 ☐ Yes ☐ No

- 구매 효율화 등을 통해 비용절감을 잘 한다 ☐ Yes ☐ No

※ Yes가 7개 이상이면 매우 양호(A), 4~6개면 보통(B), 4개 미만이면 열악(C)한 상황

지금 우리가 보고 있는 것은 단지 껍데기에 불과하다.
중요한 것은 눈에 보이지 않는다.
사람이 어떤 것을 정확하게 볼 수 있는 건
오직 마음으로 볼 때이다.

「 생 텍쥐페리의 《어린왕자》 중에서 」

# 12

## 보이지 않는 것에 투자하라

### 자금이 많다면
### 누가 경영을 못하나?

첨단시설과 장비를 갖춘 서울아산병원과 삼성서울병원이 의료계에 진입한 이후 대학병원의 하드웨어 경쟁이 본격화되었다. 국립대병원도 분원이나 특정 센터를 중심으로 경쟁 대열에 동참했다. 하지만 대부분의 중소병원은 첨단시설과 장비에 투자를 할 여력이 없다. 환자들이 중소병원에서 찍은 MRI, CT를 대학병원에 가져가면, 잘 보이지도 않는 영상을 왜 찍었느냐는 핀잔을 듣기도 한다. 이에 환자는 분노하게 되고 그 중소병원에 발길을 끊는다.

영상장비는 노후화되어 고장이 잦다. 건물 벽은 얼룩이 가득하며 폭우에는 비가 샌다. 병원 1층 로비는 복잡하고 지저분하다. 화장실에서는 냄새가 나고, 환자의 동선은 꼬여 있다. 이처럼 눈에 보이는 시급한 투자도 못하는 게 중소병원의 현실이다. 실제로 협력경영을 시작하는 병원들 중에는 극단적인 재정난에 처해 있는 경우가 적지 않다. 그런 병원의 보직자들은 사필귀전(事必歸錢), '돈타령'이다. 뭘 하려고 해도 돈이 없어서 할 수 있는 게 없다는 것이다. 처음부터 병원 운영이 잘되지 않은 경우도 있으나 상당수는 병원이 잘 될 때 방심하며 투자를 소홀히 한 결과였다. 건강은 건강할 때 지켜야 하는 것처럼 병원이 잘 될 때 혁신하고 미래를 위해 투자해야 한다.

그러나 후회만 하고 있을 수는 없다. 늦었어도 길을 찾아야 한다. 사실 경영여건이 좋고, 자금여력도 있어 마음껏 투자할 수 있을 때 좋은 성과를 내는 것은 평범한 경영자라도 할 수 있다. <u>불리한 환경과 여건에도 불구하고 좋은 성과를 내는 것은 진짜 실력이 있는 경영자만이 할 수 있는 것이다.</u>

자금이 없을 때는 어떻게 할 방법이 없어 보일 수 있다. 하지만 쾌적한 시설과 새로운 장비가 곧 경영의 성공을 의미하지는 않는다. 그렇다면 멋진 건물과 첨단장비를 갖추고 개원한 W병원은 부도나지 않았을 것이다.

병원의 구성원들은 환자의 가장 큰 불만이 주로 낙후된 시설이나 장비와 같은 하드웨어적인 문제 때문이라고 말하는 경향이 있다. 하지만 고객에게 불만사항을 물어보면, 의사와 간호사의 불친절, 긴 대기시간, 지저분한 환경 등과 같은 소프트웨어 문제가 절반에 달한다(설문 10). 이는 많은 돈을 들이지 않고도 환자의 만족도를 높일 수 있는 방법이 많음을 의미한다.

이런 설문을 하면 흥미로운 사실이 발견된다. 대학병원의 평균진료비 수준이 중소병원보다 월등히 높은데도 '비싼 진료비'에 대한 고객의 불만은 현저히 적다는 점이다. 대학병원은 10%미만인 반면 중소병원은 27% 내외가 나온다. 그 이유는 병원의 신뢰도와 중증도가 높을수록 비싼 가격을 받아들이기 때문이다. 에르메스 매장을 찾는 고객은 가격에 신경을 거의 쓰지 않는 것과 같다.

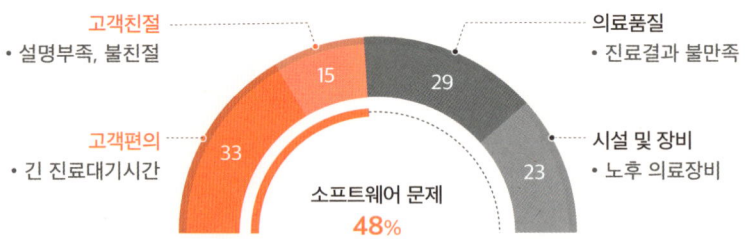

[ 설문 10 ] 병원 이용시 불만사항은 무엇입니까? (%)[5]

대다수의 중소병원은 돈이 없어 할 수 있는 게 없다고 하소연하면서도, 정작 큰돈을 들이지 않고도 할 수 있는 혁신은 하지 않는다. 설문에서 본 바와 같이 빠른 시일 내에 환자의 불만을 해소할 수 있는 것이 많음에도 기본적인 것도 안 챙기고 있는 것이다.

예약을 하려고 해도 홈페이지에 예약기능이 작동하지 않는다. 콜센터에 전화해도 연결이 안 되거나 불친절하기 짝이 없다. 들어오는 길과 정문은 지저분하다. 병원 구석에는 먼지가 쌓여있다. 병원 로비에 들어서자마자 있는 안내데스크에선 안내원이 인상을 쓴 채 다른 곳을 바라보며 앉아 있다.

환자의 주된 유입경로는 홈페이지, 콜센터, 건강검진센터, 응급센터, 환자나 직원의 소개, 매체를 통한 정보 획득이다. 이와 관련된 혁신은 자금이 그리 많이 드는 것은 아니다. 그래서 협력경영을 시작하면 경영전반을 진단하는 것과 함께 환자의 동선을 정비하는 업무를 개시한다. 병원이 안 된다고 걱정하면서도 찾아오는 환자의 경로를 막고 있는 경우가 대부분이기 때문이다. 지금 당장이라도 크게 투자하지 않고도 이뤄낼 수 있는 혁신부터 시작해야 한다.

## 해답은
## '보이지 않는 곳'에 있다

협력경영을 해보면 다른 병원보다 시간과 전문가를 더 많이 투입해도 성과가 나오기까지 꽤 오랜 기간이 걸리는 병원이 있다. 이런 병원은 불을 한참이나 때어 물이 말라야만 불이 붙는 젖은 장작 같은 특성이 있다. 재정난 못지않게 심각한 것은 이처럼 병원이 허약한 경영체질을 가진 경우다.

저자가 특강을 요청받아 병원을 방문하면 병원의 체질을 가늠할 수 있다. 강의 요청에서부터 강의 후 반응을 피드백하는 과정까지 잘 짜인 각본대로 한 치의 오차도 없이 구성원들이 역할을 분담하여 진행하는 병원이 있다. 그런가 하면 단계 단계마다 강사를 당혹스럽게 할 정도로 진행과정이 엉망인 병원이 있다.

특강처럼 단발성의 작은 행사만 해봐도 구성원의 일하는 방식과 전문성, 타인에 대한 배려, 학습하려는 자세, 시간 준수 여부, 병원에 대한 충성도, 경영진에 대한 신뢰, 병원의 조직분위기 등에서 큰 격차가 나는 것을 알 수 있다. 비전선

포식, 협약식, 각종 워크숍과 교육행사, VIP와 협력병의원 관리나 홍보를 위한 대단위 행사에서는 그 격차가 더 커질 것이다.

이런 차이를 만드는 것이 병원의 경영체질이다. 경영체질은 돈으로 한꺼번에 살 수 있는 것이 아니다. 눈에 보이지 않지만 오랜 시간에 걸쳐 형성되는 특성이 있다. 즉, 경영자의 의사결정 스타일, 일하는 방식, 축적된 성과와 경험, 교육제도, 사람을 배려하고 인정하는 문화 등이 쌓여서 경영체질이 만들어진다. 병원의 기초체질이 허약하다면 거액의 차입을 통해 투자재원을 확보해도 병원의 경쟁력을 단기간에 높이기 쉽지 않다. 재정난이 왔을 때 투자할 여력이 없다고 체념할 것이 아니라 오히려 병원의 체질 개선에 집중할 기회가 왔다고 심기일전해야 한다.

이를 위해선 앞서 말한 병원 소프트웨어의 개선이 필요하다. 진료기여수당을 비롯한 의료진의 동기부여 제도, 역량강화와 서비스 개선을 위한 교육제도, 차별적 이미지 확보를 위한 브랜딩 등이 대표적이다. 진료기여수당제도를 도입할 때 의료진과 공감대를 이루고 설득하는 과정이 어렵기는 하지만, 창출되는 성과에 비례하여 수당이 발생하므로 재정적으로 부담이 되지 않는다. 또한 의료진의 서비스 마인드와 진료패턴에 매우 긍정적인 영향을 주기 때문에 고객불만의 주요소인 불친절과 긴 대기시간을 해소하고 수익성도 높일 수 있는 기본적인 조치다.

<u>소프트웨어 개선은 실행전략 마련, 공감대 형성 등을 위해서 꾸준하고 일관된 추진이 요구된다. 이때 절실히 필요한 것은 경영자의 시간과 관심이다.</u>

## 순환보직과
## 보직경로를 운영하자

중소병원 보직자들의 근무패턴은 다소 극단적이다. A병원은 한 분야의 보직을 20년 이상 맡기는가 하면 B병원은 보직을 수시로 바꾼다.

A병원과 같이 한두 분야만 오래 수행하면 행정원장급의 총괄 관리자를 육성하기 어렵다. 자신이 맡았던 한두 분야 이외는

잘 모른다. 이런 경우 이사장이나 병원장은 매번 각 부서장을 상대해야 하기에 일상적인 관리업무에 매여 병원의 미래를 좌우하는 전략적인 업무에 시간을 내지 못한다. 관리자에게 한 분야를 오래 맡긴다고 해서 전문성이 저절로 확보되는 것도 아니다. 이는 별개의 문제다. 업무가 익숙해지고 자신이 잘 안다는 생각이 든 후에는 배우거나 새로운 시도를 하지 않게 된다. 소위 매너리즘에 빠지게 된다. 그 결과 이미 혁신적인 방법이 대세가 되었는데도 낡은 방식을 고집해 그와 함께 일하는 직원들은 그의 잘못된 업무스타일을 배우든지 아니면 불만을 가지게 된다. 그 어떤 경우도 바람직하지 않다.

B병원은 부서장들이 언제 다른 보직으로 갈지 모른다. 그렇기에 새로운 보직을 맡아도 공부를 열심히 하지 않는다. 그 결과 여러 분야의 보직을 경험하지만 어떤 분야의 전문성도 갖추지 못한다. 피상적인 지식과 경험은 언제 터질지 모르는 시한폭탄이다. 보직이 자주 바뀌기 때문에 사고가 터져도 누구의 책임인지를 묻기 어렵다. 이런 병원들은 대부분 이사장이나 병원장의 성격이 매우 급하고 누구도 크게 신임하지 않고 외부의 목소리에 귀 기울이는 경향이 있다. 그래서 보직자의 이직이 잦은 편이다.

보직자의 전문성과 책임성을 확보하고 총괄관리능력이 있는 인재를 육성하기 위해서는 순환보직과 보직경로를 운영해야 한다. 보직자의 임기는 3년으로 하고, 관련된 보직을 단계적으로 이동하게 해야 한다. 기획, 재무나 시설 등과 같은 직무는 특정인을 제외하고 다른 사람이 할 수 없다며 순환보직에서 제외시키는데, 굳이 그렇게 할 필요가 없다. 실무적인 업무를 하는 직원이 있기 때문에 관리자는 어느 직무이든지 6개월이면 적응할 수 있다. 특정 직무를 미더운 직원 한 명에게만 맡긴다면 그가 갑자기 아프거나 다른 직장으로 옮길 경우 어떤 사태가 벌어질지 생각해보자. 기획과 재무업무에 능한 인력이 보다 많이 육성되어 병원의 전 부서에 퍼져 있어야 한다.

보직이동을 할 때 평가 우수자에게 보직을 우선적으로 선택할 수 있는 권리를 주어야 한다. 그래야 보직자들이 현재 직책에서 더 열심히 일할 이유가 된다. 이런 절차가 운영되면 주요 보직을 포함한 여러 보직을 경험한 사람들이 배출되는데, 이들은 행정원장의 후보군이다. 이런 순환보직의 원칙은 일반 팀원에게도 지켜져야 한다.

## 교육과 토론을 통해
## 경영지원 역량을 높이자

병원에 대한 많은 규제와 불합리한 관행 때문에 불법적인 상황이 빚어질 때가 많다. 그동안 사무장이나 노조 등 내부 고발로 인해 혼란을 겪은 병원이 있었고, 그래서 재무나 구매는 가족에게 맡기는 경우가 적지 않다. 그러나 관여하는 가족이 많아지면 병원에 대한 구성원들의 애정이 식고, 전문성이 없어도 가족이라는 이유만으로 주요 직책을 맡기면 병원 운영에 심각한 문제가 발생할 수도 있다.

가급적 병원경영에는 가족을 제한적으로 참여시키는 것이 좋고, 참여하는 경우에도 채용과 보상, 보직임명 등의 과정에서 더욱 엄격한 잣대를 적용해야 한다. 경영에 참여한 가족이 다른 구성원보다 더 높은 전문성을 쌓고 병원정책을 준수하며 헌신할 때 구성원들은 신뢰로 화답할 것이다.

어느 조직이든 상당수의 일반직 보직자들은 경영진의 지시를 이행하는 역할만 수행하는 경향이 있다. 그렇게 되면 관리자로서의 책임감이 없어지고 개인역량을 성장시킬 기회를 놓치기도 한다. 보직자들은 주인의식이 희박하고 창의적인 역량이 부족하다고 생각하니 경영진이 일일이 다 챙겨야 한다. 이는 보직자나 경영진 모두가 패자(敗者)가 되는 시나리오다.

설혹 시행착오가 있어도 그들이 주도적으로 기획하고 관리할 수 있는 여건을 조성해야 한다. 어떤 중소병원은 일반직에게 행정원장 혹은 경영원장이라는 보직을 주고, 상당한 금액의 보직 수당과 인센티브를 주기도 한다. 그가 제대로 된 경영지식을 배울 수 있도록 내외부의 경영교육도 받을 수 있게 지원하기도 한다.

저자는 넉 달에 걸쳐 주 1회 강의와 토론시간을 가지며 두 번의 워크숍을 하는 교육프로그램을 여러 병원에서 운영해 보았다. 보직자들의 경영지식이 높아진 것은 물론 병원에 대한 애정도 커졌다. 보직자 간 소통의 기회가 늘어나면서 전반적인 분위기가 좋아지고 부서 간 협조가 잘되는 효과도 덤으로 얻게 되었다. 교육과정을 만드는 것과 별개로 독서회를 만들어 월 1회 경영 관련 서적을 읽고 토론하는 장도 마련하는 게 좋다. 때로는 강사를 초청하여 강의도 듣고, 경험자나 전문가의 지혜를 나누는 시간을 가질 수 있다. 이런 노력이 당장은 큰 효과가 없어 보일 수 있지만 해가 거듭될수록 병원의 큰 자산이 될 것이다.

요즘은 교육도 근무시간에 하지 않으면 구성원들이 문제를 제기하기 때문에 병원에서 교육을 줄이거나 하지 않은 경우가 많아지고 있다. 하지만 <u>탁월한 병원이 되기 위해서는 보직자는 물론 구성원들에게 전문성을 높이는 직무교육과 함께 기본적인 소양과 태도에 대한 교육을 지속적으로 해야 한다.</u> 직장인으로서의 자세와 행동, 표정, 말투, 품행은 물론 개인의 행복을 위한 지식과 지혜에 대한 학습도 본인이 원할 경우 일상적으로 이뤄지도록 경영자가 환경을 조성해야 한다.

## 일하는 방식을 혁신하자

기업은 승진이나 성과급의 기준이 되는 개인평가에 많은 신경을 쓴다. 동기부여와 함께 보상의 공정성에 큰 영향을 주기 때문이다. 과거에는 등급을 세분화하고 복잡한 평가절차를 운영했지만, 최근에는 등급을 3단계 정도로 단순화하고 전방위로 평가하는 역량개발평가방식을 활용하는 등 절차를 간소화하는 경향이 있다. 차세대 인재로 육성할 탁월한 상위 10%와 퇴출을 고려해야 할 하위 10%만 분별하는 방식이다. 나머지 80%의 사람은 서열을 세우는 것이 큰 실익이 없다는 판단에서다. 병원도 이를 적용해보는 게 좋다. 우수 인력과 퇴출 여부를 고려해야 할 인력을 객관적으로 평가한 고과자료를 축적해야 한다. '성공을 보상하지 않는 것은 실패를 보상하는 것'이라는 말이 있다. 성과에 보상이 따르지 않으면 무사안일을 권장하는 것과 같다는 얘기다.

그래서 이달의 의사, 이달의 직원 등 우수 의사, 우수 직원을 선정할 때 돌아가면서 뽑는 등 형식적으로 선정해서는 안 된다. 병원의 핵심가치를 반영한 선정기준을 세워 엄격히 적용해야 한다. 같은 사람이 계속해서 상을 받아도 좋다. 그래야 선정되는 사람도 영광스럽고, 다른 사람도 받고 싶어진다. 환자를 보다 진심으로 대하고, 더 전문성 있게 일하는 선의의 경쟁이 이루어지는 분위기를 만들어야 한다.

또 소통을 활성화한다면서도 정작 거기에 필요한 전자게시판이나 엉성한 업무관리시스템조차 갖추지 않은 병원이 많다. 있어도 제대로 활용하지 않는 병원도 적지 않다. 기획실에서 매일, 매주 만들어서 경영진에게 보고하는 상당부분의 내용이 정보시스템에서 자동적으로 산출될 수 있다. 그런데 이런 시스템이 없으면 자료의 정확성과 적시성이 현저히 떨어지게 진다. 무엇보다 기획실은 단순자료를 산출하느라 많은 시간을 소모하여 정작 중요한 분석과 기획업무에 소홀하게 된다. 조금만 신경 쓰면 큰 예산 없이도 정보화를 통해 효율성과 편의성을 높일 수 있는 업무가 많이 있다.

작년의 숙제를 미루면 올해도 등장한다. <u>해야 할 과제라면 당장 실행해야 한다. 그 출발은 과제를 추진할 적임자를 찾는 데서 시작된다.</u> 해당 업무를 담당하는 기존 직원이 지금까지 낸 성과가 별로 없어 미덥지 않을 수 있다. 그럴 때는 경영자가 채근하고 질책하더라도 큰 성과를 내는 경우는 많지 않다.

<u>전략과제를 열거하고 실행할 때 요구되는 역량과 적임자를 적어보자. 내부 또는 외부 공모를 통해 적임자를 선정하고, 성과에 따라 보상하는 방안을 제시해야 한다.</u> 의사에 대한 성과급 제도의 필요성을 인정하는 병원 경영자들은 많지만

일반직 보직자에 대한 보상 시스템은 간과하는 경향이 있다. 하지만 그들에 대한 보상은 의사 성과급보다 가성비가 훨씬 더 높을 수 있다. 물고기를 잡아주기보다 물고기 잡는 법을 알려주는 게 진정한 자식 교육이듯이, 병원 경영자도 직원들이 제대로 일할 수 있는 환경을 만들어줘야 한다. 그러기 위해선 일하는 방식을 혁신해야 한다. 그래야 병원과 병원 구성원이 함께 성장해 나갈 수 있다.

☑ 다음 물음에 답하면서 생각을 정리해봅시다. Yes는 10점 만점이라면 8,9,10점에 해당할 때 Yes, 그렇지 않을 때(1~7점) No라고 체크하세요.

우리병원은,

- 3년 안팎의 정기적인 순환보직을 한다 ☐ Yes ☐ No
- 보직자의 경력개발경로가 운영되고 있다 ☐ Yes ☐ No
- 적재적소의 인선, 권한위임이 이루어진다 ☐ Yes ☐ No
- 보직자에 대한 평가와 보상체계가 작동한다 ☐ Yes ☐ No
- 단계별 교육제도가 잘 운영되고 있다 ☐ Yes ☐ No
- 공부하고 토론하는 분위기다 ☐ Yes ☐ No
- 일하는 방식을 지속적으로 혁신한다 ☐ Yes ☐ No

※ Yes가 5개 이상이면 매우 양호(A), 3·4개면 보통(B), 3개 미만이면 열악(C)한 상황

꿈을 품고 뭔가 할 수 있다면 그것을 시작하라.
새로운 일을 시작하는 용기 속에
당신의 천재성, 능력과 기적이 모두 숨어 있다.

「 괴테 」

에필로그

# 중소병원의 미래를 찾아서

## 중소병원이 상생할 수 있는
## 협력모델을 만들자

20여 년 동안 의료계에서 컨설팅 경험을 쌓았다. 염두에 둔 기관이나 병원은 대부분 컨설팅을 해보았고, 컨설팅을 하지 않아도 강의 등 이런저런 이유로 전국에 있는 병원 중 안 가본 병원이 거의 없을 정도이다. 병원 구성원과 환자가 미소 지으면 경영자들이 경영의 행복을 느끼듯이 컨설팅을 통해 병원이 회생하거나 성장하면 더할 나위 없는 성취감과 보람을 느낀다. 저자에게 그런 행복감을 안겨준 중소병원들이 적지 않다. 특히 전국의 여러 중소병원들과 장기간 동고동락의 협력경영을 하면서 컨설턴트로서 큰 보람을 가질 수 있었다.

지금 저자의 관심은 한 병원이 조금 더 잘되도록 돕는 것을 넘어 의료계의 미래를 위한 새로운 시도를 하는 것으로 옮겨가 있다. 중소병원의 경쟁력 약화는 개별 병원의 애로사항으로만 치부할 수 없다. 세계에서 최고 속도로 고령화되는 사회에서 국민에게 제대로 된 의료서비스를 보장하려면 대학병원만으로는 불가능하고 중소병원이 반드시 중요한 역할을 맡아야 하기 때문이다. 중소병원의 경쟁력 강화는 비단 의료계 차원의 이슈가 아니라 국가와 국민, 우리 사회 전체의 당면과제인 것이다.

중소병원이 지역사회에서 의미 있는 의료기관의 역할을 하려면 중소병원의 병원장들이 다윗과 같은 '용기(勇氣)'로 병원 역량을 키우고 대학병원 못지않은 경쟁력 확보에 발 벗고 나서야 한다. 하지만 상당수 중소병원장들이 경영에 대한 자신감을 잃어버린 상태이거나, 적합한 후계자를 찾지 못해 병원의 지속성마저 염려하는 실정이다.

얇은 철사를 여러 겹 꼬아 만든 와이어로프(wire rope)는 같은 굵기의 강철보다 훨씬 인장강도가 높고 오래 간다. 저자가 관심을 두고 있는 분야는 이런 와이어로프 같은 '병원그룹'이다. 중소병원들이 체계적으로, 긴밀하게 연계하여 규모의 경제를 확보하고, 경쟁력을 키우는 방법을 모색할 때다. 그래야 개별 중소병원의 경쟁력을 높이는 것은 물론 고령화 사회에서 국민을 안전하고 지속가능하게 케어할 수 있는 의료서비스를 구축해 나갈 수 있다고 생각한다.

이해관계가 다른 여러 병원이 모여 상생의 경영을 하는 것이 매우 어려울 것이다. 하지만 길이 있을 것이라고 믿는다. 어느 고객이 "병원 혁신에 자신이 없다."며 전략과제 실행을 차일피일 미루었는데, 이를 해결한 것이 엘리오의 협력경영 모델이다. 계획과 실행 등 경영의 전 과정을 병원 측과 함께하면서 벼랑 끝에 몰린 병원을 회생시키는 등 '작은 기적'들을 창출해 냈다.

전문성있는 병원경영지원회사가 중심이 되는 병원그룹체제는 엘리오에겐 또 하나의 큰 도전이 될 것이다. 하지만 누가 하더라도 우리나라 의료의 미래를 위해서는 꼭 만들어야 할 길이라는 믿음을 갖고 있다. 그 길을 개척하는데 엘리오는 주저하지 않을 것이다.

## 내 힘으로 된 일은
## 거의 없었다

엘리오를 시작할 때 많은 분이 격려해 주셨다. 그 가운데 저자가 요청하지도 않았는데 "실패하면 갚지 않아도 좋다."며 큰돈을 건넨 분이 네 사람이나 있었다. 어떤 분은 거액의 수표를 내밀며 "접대하지 않고 실력으로 승부하는 회사를 만들어 세계적 컨설팅회사들을 이겨보라."고 했다. 그때 웃던 그의 모습을 잊지 못한다. 이런 분들이 지켜보고 있어 뜻을 굽히지 않고 한 길을 걸어올 수 있었던 것 같다. 아무리 감사드려도 부족하고 부족할 것이다.

그 후에도 엘리오를 경영하면서 변화가 필요한 시점에는 어김없이 늘 귀인이 나타났다. 그들은 새로운 길을 알려주거나 저자를 목말 태워 장벽을 넘게 도와주었다. 젊은 시절부터 남다른 경험을 많이 하고 나름의 성과가 있다고 자부했지만, 지나서 생각해보면 그것은 물심양면으로 도와준 분들이 아니었다면 이룰 수 없었던 것들이었다.

어릴 때부터 저자가 하는 일이라면 무조건 믿어주고 단 한 번도 나무라지 않으신 어머니(安京順)와 형제들, 책을 또 쓴다며 걱정하면서도 밝게 지원해준 아내와 글을 읽고 많은 지적을 해준 자식(지혜, 정준)에게 무한한 믿음과 애정을 표하고 싶다.

대학교 절친인 조선일보의 박은호 기획부장, 고등학교 절친인 모델로 피부과의 서구일 원장은 책의 전반적인 내용을 알차게 하고, 글의 격조를 올려주었다. 기업컨설팅을 할 때 항상 격려해주셨던 삼성물산의 현명관 전 부회장님, 공공개혁의 눈을 뜨게 해주셨던 고(故) 이계식 박사님은 새로운 도전을 할 때마다 떠오르는 분들이다.

의료계에서도 귀한 분을 많이 만났다. 훌륭한 인품과 탁월한 능력을 겸비하신 전국의 수많은 병원장과 의료진, 그리고 직종별 보직자들과 교류하면서 의료계의 이면과 실무는 물론 인생살이에 대해서 배웠다. 특히 이정열 보훈병원장님과 김종혁 전 서울아산병원 기획실장님은 병원혁신을 하면서 항상 새로운 시각과 탁월한 열정으로 저자에게 많은 영감을 주셨다. 이분들은 같은 뜻을 가지고 함께 길을 만들어가는, 저자가 진심으로 존경하는 선배나 동료들이다.

조야한 수준의 초고를 읽고 다양한 의견과 제안을 해준 엘리오의 임직원들은 가장 오래되고 가까운 친구이자 동지들이다. 평소 감사함을 표하지 못했지만, 이 자리를 빌려 진심으로 감사의 마음을 전한다. <병원경영 실전전략>과 <중소

병원 생존전략>의 개정판을 병원경영과 관련된 저자의 마지막 저술이라고 선언한 만큼 엘리오의 동료들이 바통을 이어받아 훌륭한 책들을 저술해 줄 것이라 믿어 의심치 않는다.

## 미 주

1) 중소병원 경영진 설문, 엘리오앤컴퍼니, 2019
2) World's best hospitals, Newsweek, 2021
3) 병원회계정보, 의료기관회계정보공시, 2018~2020
4) ELIO 설문분석시스템 SCAN™을 통한 병원 구성원 설문 결과
5) ELIO 설문분석시스템 SCAN™을 통한 병원 고객 설문 결과

**협력경영의 성공 노하우를 담은 중소병원 생존전략**

초    판  1 쇄  발행   2019년 03월 14일
           2 쇄  발행   2019년 05월 01일
개 정 판  1 쇄  발행   2022년 11월 22일
           2 쇄  발행   2025년 01월 25일

지 은 이  |  박개성
출판기획  |  정광재, 조명현
편    집  |  성만석, 임항빈, 김종현, 유동화, 김규진, 임재진
교정·교열 |  김영미, 이현지
디 자 인  |  강세미, 노지영

발 행 처  |  엘리오앤컴퍼니
등 록 일  |  2002년 05월 30일
등    록  |  제 16-2730호
주    소  |  06137 서울 강남구 언주로 103길 7 엘리오앤컴퍼니 빌딩
전    화  |  (02)725-1225
팩    스  |  (02)753-0125
E - Mail  |  ask@elio.co.kr
홈페이지  |  www.elio.co.kr

ISBN 979-11-952524-7-3

- 이 책의 판권은 '엘리오앤컴퍼니'에 있으며, 본사의 허락 없이는 전재, 복사 등 어떠한 형태나 수단으로도 이 책의 내용을 이용하지 못합니다.
- 잘못된 책은 바꾸어 드립니다.